KB196931

9급 공무원 영어 시험대비

박문각 공무원

예상문제

진가영 영어

진가영 편저

New Trend
단기합격 길라잡이

2025년 출제 기조 전환 대비

필수 어휘 예상 문제 수록

어휘 끝판왕

애임싸 강의 www.pmg.co.kr

수험생들에게 최고의 교재가 될
어휘 끝판왕 을 펴내며...

"안녕하세요, 여러분들의 단기합격 길라잡이 진가영입니다."

2025년 출제 기조 전환에 따른 공무원 시험에서 영어 영역 20문제 중 총 2문제가 어휘 문제로 출제될 것으로 보이고 13문제가 독해 문제로 출제될 것으로 보입니다. 그러므로 어휘 문제와 독해 문제를 풀기 위해서는 어휘 암기의 중요성은 아무리 강조해도 지나치지 않습니다.

어휘의 중요성이 강조되는 시험인 만큼 어휘 암기가 공무원 시험 준비 과정에서 꾸준히 이루어져야 합니다. 하지만 어휘를 매일 규칙적으로 외우는 것은 쉬워 보이지만 쉽지 않은 일이고 어휘의 휘발성 때문에 단어 암기를 금방 포기하게 되는 것이 현실입니다.

이러한 어려움을 해결하기 위해서는 어휘를 학습한 이후에는 효율적인 암기를 위하여 문제를 풀어 보는 것이 필요합니다. 또한 이번 시험 출제 기조 전환에 따라 새로운 어휘 문제 유형에 적응해서 빠르고 정확하게 문제를 풀기 위해서는 반드시 양질의 교재를 통해 제대로 된 어휘 문제 풀이법을 학습하고 적용해 보는 것이 중요합니다.

따라서, 여러분들의 단기합격 길라잡이로서, 여러분들이 현명하게 출제 기조 전환이 이뤄지는 시험에 완벽하게 대비할 수 있도록 체계적으로 시험에 출제될 수 있는 어휘들을 암기하는 것을 도울 뿐만 아니라 신경향 어휘 문제들을 연습할 수 있는 교재가 필요하다고 생각했고 그 결과 출간하게 된 교재가 바로 어휘 끝판왕입니다.

진가영 영어 어휘 끝판왕
교재가 가지는 장점은 다음과 같습니다.

> 📌 최고의 적중률을 자랑하는 단기합격 VOCA에 수록된 어휘들로 구성한 문제를 통해 중요한 어휘 학습 가능
>
> 📌 신경향 어휘 문제 풀이법을 배우고 실제 문제에 적용함으로써 빠르고 정확하게 문제 푸는 연습 가능
>
> 📌 시험에 출제될 수 있는 어휘들을 문제 풀이를 함으로써 학습의 효율성 극대화 가능

여러분들이 이 질 좋은 문제들을 통해서 매일 꾸준히 연습하시고 강의와 병행하신다면 남들보다 더 빠르게 어휘를 암기할 수 있고 시험장에서 정확하고 빠른 해석을 통해 영어 100점을 받을 수 있을 것이라 자신합니다.

여러분들의 노력이 반드시 합격으로 이어지도록 현명한 길라잡이로서 더 좋은 모습으로 수업을 통해 뵙도록 하겠습니다.
여러분이 단기합격을 이루길 항상 응원합니다.

Dreams come true!
꿈은 반드시 이루어진다!

진심을 다해 가르치는 영어 - 진가영

① 2025년도 출제 기조 전환 "핵심 내용"

"지식암기 위주에서 현장 직무 중심으로 9급 공무원 시험의 출제 기조가 바뀐다"

인사혁신처가 출제하는 9급 공무원 시험 국어·영어 과목의 출제 기조가 2025년부터 전면 전환됩니다. 인사혁신처 처장은 '2023년 업무보고'에서 발표했던 인사처가 출제하는 9급 공무원 시험의 '출제 기조 전환'을 2025년부터 본격 추진한다고 밝혔습니다.

'출제 기조 전환'의 핵심내용은 지식암기 위주로 출제되고 있는 현행 9급 공무원 시험 국어·영어 과목의 출제 기조를 직무능력 중심으로 바꾸고, 민간 채용과의 호환성을 강화하는 것입니다. 현장 직무 중심의 평가를 위해 영어 과목에서는 실제 업무수행에 필요한 실용적인 영어능력을 검증하고자 합니다. 특히 영어 과목에서는 실제 활용도가 높은 어휘를 주로 물어보고 어법의 암기를 덜 요구하는 방식이고, 전자메일과 안내문 등 업무 현장에서 접할 수 있는 소재와 형식을 적극 활용한 문제들로 구성될 것으로 보입니다.

이를 바탕으로 인사혁신처는 종합적 사고력과 실용적 능력을 평가하게 되는 출제 기조 전환으로 공직에 더 적합한 인재를 선발할 수 있고, 공무원과 민간부문 채용시험 간 호환성 제고로 청년들의 시험 준비 부담이 감소되고 우수한 인재가 공직에 보다 더 지원할 것으로 기대하고 있습니다.

② 2025년 "현명한" 신경향 공무원 영어 학습 전략

신경향 어휘 학습
출제 기조 전환 전에는 유의어 유형을 많이 물어보고 단순 암기로 인하여 문제 푸는 시간 또한 절약할 수 있었습니다. 하지만 2025년 출제 기조 전환 예시문제를 보면 어휘는 빈칸 유형으로만 구성된 것으로 보아 **제시문의 맥락을 고려하고 정확한 단서를 찾은 후에 빈칸 안에 어떤 어휘가 적절한 것인지 찾는 훈련과 연습**이 반드시 필요합니다.

신경향 문법 학습
출제 기조 전환 전에는 문법 문제들이 박스형, 문장형, 영작형으로만 구성되었지만 출제 기조 전환 발표 중 일부인 민간 채용과의 호환성을 강화하는 취지로 **TOEIC, TEPS 시험에서 잘 나오는 빈칸 유형이 문법 문제로 새로 추가되었습니다.** 이런 유형들은 기존의 유형들과 확실하게 다른 접근법으로 문제를 풀어야 하므로 **문법 파트별로 체계적인 이론 정리와 더불어 다양한 문제들을 많이 풀어보고 문제 풀이 전략을 정확하고 확실하게 배워야 합니다.**

신경향 독해 학습
출제 기조 전환 전에는 1지문 1문제로 구성되고 각 선지들이 지문에 맞는지, 안 맞는지만 판단하기만 하면 되었지만 **2025년 출제 기조 전환 예시문제를 보면 독해 유형에 세트형이 2문제로 구성되어 있습니다.** 세트형이라고 난도가 더 올라갔다고 보기는 어렵지만 **다소 생소한 형식의 문제 유형이 출제되면 수험생들이 당황하기가 쉬우므로 신유형 독해 문제인 전자메일과 안내문, 홈페이지 게시글 등의 형식들에 대한 체계적인 학습을 통해 빠르고 정확하게 푸는 전략을 체화시켜야 합니다.** 이와 같은 형식으로 단일 지문으로 구성되기도 하니 특히 많은 훈련이 필요한 영역입니다.

1 2025년 출제 기조 전환 대비 어휘 예상 문제 수록

어휘 예상 문제를 수록하여 실전 훈련 및 실전 대비를 할 수 있다.

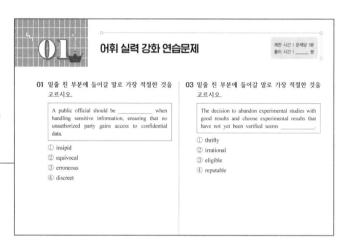

어휘 실력 강화 연습문제

제한 시간 | 문제당 1분
풀이 시간 | _____ 분

01 밑줄 친 부분에 들어갈 말로 가장 적절한 것을 고르시오.

A public official should be _____ when handling sensitive information, ensuring that no unauthorized party gains access to confidential data.

① insipid
② equivocal
③ erroneous
④ discreet

03 밑줄 친 부분에 들어갈 말로 가장 적절한 것을 고르시오.

The decision to abandon experimental studies with good results and choose experimental results that have not yet been verified seems _____.

① thrifty
② irrational
③ eligible
④ reputable

---

④ satisfied 만족한

정답 해설

작업의 질이 기준을 충족하지 못한다는 문맥으로 보아 '만족하지 않다'는 내용이 자연스러우므로 빈칸에는 ④가 적절하다.

핵심 어휘

＊ satisfied = gratified, content, contented, complacent

2025년 출제 기조 전환 대비 핵심 어휘 정리

핵심 어휘 정리를 통해 어휘 학습의 효율성을 높일 수 있다. **2**

어휘 실력 강화 연습문제 01회 REVIEW TEST

01
☐ insipid _____
☐ equivocal _____
☐ erroneous _____
☐ discreet _____

02
☐ overlap _____

05
☐ estate
☐ yardstick
☐ triumph
☐ delinquency

06
☐ calmness

3 어휘 복습테스트 제공

전체 선지 어휘 복습 테스트를 통해 출제가 예상되는 어휘들을 확실하게 익힐 수 있다.

가영쌤과 점수 수직 상승을 만들어 낸 "생생한" 수강후기

★★★★★ 충남 교행 수석 영어 100점

김**

가영쌤의 커리는 기본적으로 반복을 거듭해서 확실하게 기억하고 또 여러 방향으로 적용하면서 어떤 식으로 문제가 변형되어 나와도 확실하게 캐치할 수 있게 만드는 방향으로 진행됩니다. 특히 여러 번 강조해서 배우는, 자주 출제되는 중요한 내용들은 계속 따로 자료를 만들고, 또 특강으로도 계속 또 반복해서 빠짐없이 떠 먹여 주기까지 합니다. 따라 가려고 노력만 하면 보상을 받을 수 있는 그런 시간을 보낼 수 있는 강의라고 생각합니다. 가영쌤은 또, 더 재밌는 강의를 위해 매번 좀 웃긴 거를 많이 준비해 오시는 것 같은 모습이 보이는데 많은 정성과 노력을 기울이고 계시다는 걸 느낄 수 있는 시간들이었습니다.

★★★★★ 우정직 수석 합격 영어 85점

박*태

영어 선생님을 고를 때 가영쌤을 추천하는 이유는 먼저 탄탄한 커리큘럼과 숙제 관리, 그리고 문법 교재가 너무너무 좋습니다! 콤팩트한 책에 있을 내용 다 있고, 문판왕이나 동형모의고사 등 문풀 수업과의 연계도 잘 되어 있습니다. 그리고 매주 실강 수업 때 나오는 ox 숙제를 계속 반복해야 문법 출제 포인트가 무엇인지 익혀집니다. 또한, 가영쌤의 어휘책 구성도 좋았고, 매 수업 전에 테스트를 하기 때문에 미리 공부해야 하는 게 실력 향상에 도움이 되었습니다. 덕분에 이번 문제 풀이 소요시간, 24분, 동형 때는 달성해보지 못했던 최고기록입니다. 가영쌤 I cannot thank you enough!!

★★★★★ 2024 일반행정직 영어 100점

**선

영어 100점은 진짜 운이라고 생각했는데 선생님 만나고 나서 이게 진짜 실력으로 된다는 걸 알았어요. 단어 미친 반복으로 겨우 다 외우고 문법도 단판승 3시간 너무 좋았고 독해는 그 200제가 정말 좋았어요. 제가 국가직 영어 35분 걸려서 정말 선생님도 찾아뵙고 걱정 많이 했는데 이번 지방직은 20분 컷해서 정말 좋았어요. 언제나 감사합니다!!

★★★★★ 2024 일반행정직 영어 95점

**경

공시 시작하고 가영쌤을 만나서 영어 공부도 즐겁게 할 수 있었고 95점이라는 고득점도 해볼 수 있었고 항상 최선을 다하시는 모습을 보면서 많이 본받아야겠다 생각했습니다. 나태해질 때마다 쌤을 보면서 힘을 얻었고 앞으로도 제가 많이 존경하고 진심으로 응원할 영원한 제 1타 강사 가영쌤♥ 건강 잘 챙기시고 곧 태어날 아이와 가족들 또 주변 사람들과 행복한 순간만 앞으로 더 가득하시면 좋겠어요♥ 서울 가게 되면 인사드리러 꼭 갈게요!! 쌤이랑 함께한 시간들 항상 소중했어요♥ I cannot thank you enough♥

★★★★★ 2024년 사회복지직 영어 95점

**화

I cannot thank you enough♥시험을 준비하면서 나름의 소소한 목표 중 하나가 영어 시험을 잘 봐서 가영쌤한테 제가 먼저 올해 영어 잘 봤다고 연락드리는 거였는데, 드디어 그 목표를 이룰 수 있게 되어서 너무 기뻐요! 처음 박문각 와서 하프 들었을 때 3,4개 맞기도 하고 그랬던 적이 있었는데~ 쌤과 열심히 함께 달렸더니 95점이라는 이런 좋은 점수를 받았습니다. 영어는 제 발목을 잡는 과목 중 하나여서 처음부터 끝까지 긴장을 놓지 않고 제일 큰 비중을 두고 공부한 과목이었습니다. 이번 지방직에서 단어, 문법, 생활영어까지 쌤과 함께 공부했던 범위 내에서 계속 반복하며 공부했던 부분들이라 신속하고 정확하게 풀 수 있어시간 절약을 했던 것 같아요! 다 가영쌤과 함께한 덕분이에요!

2025년
신경향(New Trend) ✦
정규 커리큘럼

합격을 위한
필수 과정

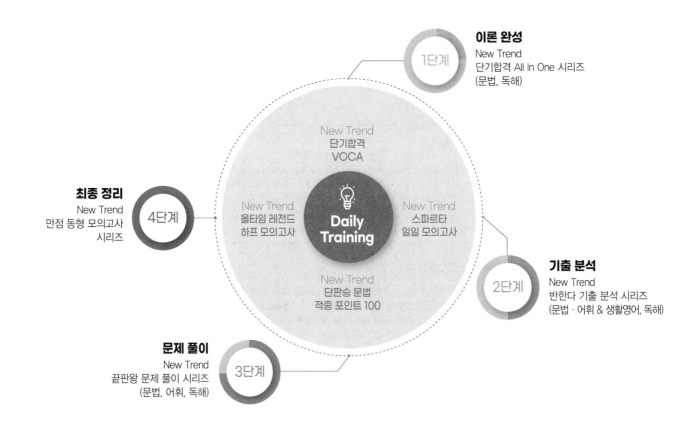

이론 완성
1단계
New Trend
단기합격 All In One 시리즈
(문법, 독해)

기출 분석
2단계
New Trend
반한다 기출 분석 시리즈
(문법 · 어휘 & 생활영어, 독해)

문제 풀이
3단계
New Trend
끝판왕 문제 풀이 시리즈
(문법, 어휘, 독해)

최종 정리
4단계
New Trend
만점 동형 모의고사
시리즈

New Trend
단기합격
VOCA

Daily Training

New Trend
올타임 레전드
하프 모의고사

New Trend
스파르타
일일 모의고사

New Trend
단판승 문법
적중 포인트 100

2025 출제 기조 전환 대비 단기합격 커리큘럼 영상

2025년
신경향(New Trend)
보완 커리큘럼

합격을 위한
선택 과정

기초
이론 — 공무원 영어 시작, 입문

구문
독해 — 진(Real) 독해 기초 체력 다지기 / 신경향 독해 기본 실력 다지기

문풀
N제 — 신경향 마스터 시리즈 (독해, 문법, 어휘)

적중
특강 — 진(眞) 족보 마무리 특강 시리즈 (독해, 문법, 어휘, 생활영어)

CONTENTS
차례

진가영 **영어 어휘** **끝판왕**

정답 및 해설

진가영 영어
어휘 끝판왕

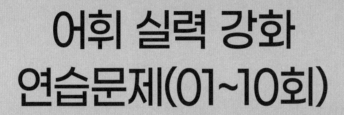

어휘 실력 강화
연습문제(01~10회)

제한 시간 | 문제당 1분
풀이 시간 | _____ 분

01 밑줄 친 부분에 들어갈 말로 가장 적절한 것을 고르시오.

> A public official should be _____ when handling sensitive information, ensuring that no unauthorized party gains access to confidential data.

① insipid

② equivocal

③ erroneous

④ discreet

02 밑줄 친 부분에 들어갈 말로 가장 적절한 것을 고르시오.

> The government agency refused to _____ the construction plan until all environmental concerns were addressed.

① overlap

② esteem

③ fascinate

④ endorse

03 밑줄 친 부분에 들어갈 말로 가장 적절한 것을 고르시오.

> The decision to abandon experimental studies with good results and choose experimental results that have not yet been verified seems _____.

① thrifty

② irrational

③ eligible

④ reputable

04 밑줄 친 부분에 들어갈 말로 가장 적절한 것을 고르시오.

> The project was completed on time; however the quality of the work did not meet the company's standards, so everyone was not _____.

① gullible

② grown

③ upright

④ satisfied

정답 및 해설 p.2

05 밑줄 친 부분에 들어갈 말로 가장 적절한 것을 고르시오.

> The court implemented a new policy to address _____ among minors by offering rehabilitation services instead of harsher penalties.

① estate

② yardstick

③ triumph

④ delinquency

06 밑줄 친 부분에 들어갈 말로 가장 적절한 것을 고르시오.

> The results of the _____ test revealed that the range of frequencies that can be heard is determined by age group.

① calmness

② auditory

③ discrepancy

④ gustatory

07 밑줄 친 부분에 들어갈 말로 가장 적절한 것을 고르시오.

> After the fire, the company spent months _____ the damaged office building.

① refurbishing

② enrolling

③ offsetting

④ incorporating

08 밑줄 친 부분에 들어갈 말로 가장 적절한 것을 고르시오.

> She studied hard day and night for the exam; nevertheless, she did not achieve the _____ she had hoped for.

① affection

② miner

③ grade

④ paragraph

09 밑줄 친 부분에 들어갈 말로 가장 적절한 것을 고르시오.

> The manual provides step-by-step instructions in a _____ format for beginners.

① brittle

② comprehensible

③ imprudent

④ apathetic

10 밑줄 친 부분에 들어갈 말로 가장 적절한 것을 고르시오.

> Given the current war situation, the general was expecting that he would have no choice but to _____ if he did not receive reinforcements soon.

① fulfill

② salvage

③ yield

④ deduct

11 밑줄 친 부분에 들어갈 말로 가장 적절한 것을 고르시오.

> Security personnel succeeded in _____ the rioting crowd by using appropriate methods until the incident was safely terminated.

① dispersing

② captivating

③ restraining

④ extending

12 밑줄 친 부분에 들어갈 말로 가장 적절한 것을 고르시오.

> Her persistent _____ that everyone was conspiring against her made it difficult for her to trust others.

① peninsula

② surplus

③ rescue

④ delusion

13 밑줄 친 부분에 들어갈 말로 가장 적절한 것을 고르시오.

> We decided to _____ the outdoor event because the weather forecast predicted heavy rain.

① purchase

② postpone

③ pioneer

④ protect

14 밑줄 친 부분에 들어갈 말로 가장 적절한 것을 고르시오.

> Certain natural laws, like the speed of light, are considered _____ and have remained unchanged for centuries.

① immutable

② patient

③ empty

④ scarce

15 밑줄 친 부분에 들어갈 말로 가장 적절한 것을 고르시오.

> To accurately grasp the effectiveness of the new marketing strategy currently underway, we need to _____ it with the previous strategy.

① omit

② starve

③ astonish

④ compare

16 밑줄 친 부분에 들어갈 말로 가장 적절한 것을 고르시오.

> The weather forecast predicted _____ skies; however, it rained all day that day, contrary to expectations.

① monotonous

② indifferent

③ conservative

④ clear

17 밑줄 친 부분에 들어갈 말로 가장 적절한 것을 고르시오.

> The plaintiff decided to proceed with the _____ to claim damages for the financial losses incurred due to the defendant's disclosure of confidential information.

① merit

② livelihood

③ suit

④ liberty

18 밑줄 친 부분에 들어갈 말로 가장 적절한 것을 고르시오.

> The once prosperous city was stigmatized by _____ officials who abused their power for personal gain.

① brilliant

② reputable

③ corrupt

④ confident

19 밑줄 친 부분에 들어갈 말로 가장 적절한 것을 고르시오.

> The ticket you purchased is _____ only for one year from the date of issue, so it cannot be used after that period.

① valid

② cynical

③ dense

④ fierce

20 밑줄 친 부분에 들어갈 말로 가장 적절한 것을 고르시오.

> The first manuscript of her report had a few errors, but after a _____ review, I was able to remove all the errors before submitting the report.

① awkward

② clumsy

③ thorough

④ obscure

정답 및 해설 p.5

어휘 실력 강화 연습문제 01회 REVIEW TEST

01

☐ insipid _____

☐ equivocal _____

☐ erroneous _____

☐ discreet _____

02

☐ overlap _____

☐ esteem _____

☐ fascinate _____

☐ endorse _____

03

☐ thrifty _____

☐ irrational _____

☐ eligible _____

☐ reputable _____

04

☐ gullible _____

☐ grown _____

☐ upright _____

☐ satisfied _____

05

☐ estate _____

☐ yardstick _____

☐ triumph _____

☐ delinquency _____

06

☐ calmness _____

☐ auditory _____

☐ discrepancy _____

☐ gustatory _____

07

☐ refurbish _____

☐ enroll _____

☐ offset _____

☐ incorporate _____

08

☐ affection _____

☐ miner _____

☐ grade _____

☐ paragraph _____

정답 및 해설 p.6

09

☐ brittle   _____

☐ comprehensible   _____

☐ imprudent   _____

☐ apathetic   _____

10

☐ fulfill   _____

☐ salvage   _____

☐ yield   _____

☐ deduct   _____

11

☐ disperse   _____

☐ captivate   _____

☐ restrain   _____

☐ extend   _____

12

☐ peninsula   _____

☐ surplus   _____

☐ rescue   _____

☐ delusion   _____

13

☐ purchase   _____

☐ postpone   _____

☐ pioneer   _____

☐ protect   _____

14

☐ immutable   _____

☐ patient   _____

☐ empty   _____

☐ scarce   _____

15

☐ omit   _____

☐ starve   _____

☐ astonish   _____

☐ compare   _____

16

☐ monotonous   _____

☐ indifferent   _____

☐ conservative   _____

☐ clear   _____

정답 및 해설 p.7

17

☐ merit _____

☐ livelihood _____

☐ suit _____

☐ liberty _____

19

☐ valid _____

☐ cynical _____

☐ dense _____

☐ fierce _____

18

☐ brilliant _____

☐ reputable _____

☐ corrupt _____

☐ confident _____

20

☐ awkward _____

☐ clumsy _____

☐ thorough _____

☐ obscure _____

어휘 실력 강화 연습문제

제한 시간 | 문제당 1분
풀이 시간 | _____ 분

01 밑줄 친 부분에 들어갈 말로 가장 적절한 것을 고르시오.

> Her _____ for abandoned animals led her to volunteer at a local animal shelter every weekend.

① sentence
② stuff
③ surgery
④ sympathy

02 밑줄 친 부분에 들어갈 말로 가장 적절한 것을 고르시오.

> All the staff praised the boss for delivering the content in a _____ way that always makes the point at meetings.

① precocious
② inverted
③ brief
④ naughty

03 밑줄 친 부분에 들어갈 말로 가장 적절한 것을 고르시오.

> The negotiation reached a _____ when neither party was willing to compromise on the key issues.

① deadlock
② appetite
③ widow
④ approval

04 밑줄 친 부분에 들어갈 말로 가장 적절한 것을 고르시오.

> In spite of the experts' advice not to proceed, she did not give up her _____ decision to pursue the risky venture.

① sedentary
② stubborn
③ potable
④ intelligent

정답 및 해설 p.9

05 밑줄 친 부분에 들어갈 말로 가장 적절한 것을 고르시오.

> Her _____ for learning new languages drove her to study late into the night every day.

① expenditure

② vessel

③ tedium

④ eagerness

06 밑줄 친 부분에 들어갈 말로 가장 적절한 것을 고르시오.

> The emotional _____ caused by betrayal took a long time to heal, even more so than a cut from a knife.

① surface

② wound

③ pupil

④ outline

07 밑줄 친 부분에 들어갈 말로 가장 적절한 것을 고르시오.

> The doctor decided that the patient in charge needed _____ surgery, so he immediately scheduled the surgery.

① false

② intimate

③ useless

④ urgent

08 밑줄 친 부분에 들어갈 말로 가장 적절한 것을 고르시오.

> Despite currently being financially strained, he has consistently demonstrated his _____ spirit by regularly donating to various charitable activities.

① altruistic

② arrogant

③ negligible

④ diffident

09 밑줄 친 부분에 들어갈 말로 가장 적절한 것을 고르시오.

> The satellite experienced signal _____, leading to a temporary loss of communication.

① merger
② interference
③ humility
④ antidote

10 밑줄 친 부분에 들어갈 말로 가장 적절한 것을 고르시오.

> He politely _____ an interview request, saying he was not ready to speak publicly about the matter.

① declined
② tempted
③ embraced
④ adopted

11 밑줄 친 부분에 들어갈 말로 가장 적절한 것을 고르시오.

> The deadly virus, which spread rapidly around the world, has already _____ millions of lives and continues to pose a threat to people's lives.

① excavated
② complemented
③ imitated
④ claimed

12 밑줄 친 부분에 들어갈 말로 가장 적절한 것을 고르시오.

> The company planned to extend its office hours to accommodate more clients, yet the _____ of staff made it difficult to do so.

① lack
② resume
③ nomination
④ capability

13 밑줄 친 부분에 들어갈 말로 가장 적절한 것을 고르시오.

> The technician instructed the battery to be _____ and used for at least four hours before using the new device for the first time.

① limited

② guaranteed

③ charged

④ froze

14 밑줄 친 부분에 들어갈 말로 가장 적절한 것을 고르시오.

> He looked _____ from an unreasonable work schedule, his eyes were bloodshot and he felt exhausted.

① polite

② weary

③ neat

④ generous

15 밑줄 친 부분에 들어갈 말로 가장 적절한 것을 고르시오.

> She was asked to take a discreet approach so that _____ information would never be leaked.

① furious

② fertile

③ awkward

④ confidential

16 밑줄 친 부분에 들어갈 말로 가장 적절한 것을 고르시오.

> Although it looks appetizing and _____, the mushroom is actually highly toxic, so it should be harvested with caution.

① infantile

② reticent

③ innocuous

④ deliberate

17 밑줄 친 부분에 들어갈 말로 가장 적절한 것을 고르시오.

> The hospital's _____ conditions are thoroughly checked and managed to prevent the spread of viral infections.

① aerial

② sanitary

③ liquid

④ furtive

18 밑줄 친 부분에 들어갈 말로 가장 적절한 것을 고르시오.

> In the event of a disaster, the medical team has created a manual to _____ symptoms in detail so that the injured can immediately determine whether the condition is mild, intermediate, or serious.

① emigrate

② embezzle

③ classify

④ flatter

19 밑줄 친 부분에 들어갈 말로 가장 적절한 것을 고르시오.

> The police officers called several suspects to the station to _____ them and gather information about the robbery case.

① interrogate

② fluctuate

③ advocate

④ plagiarize

20 밑줄 친 부분에 들어갈 말로 가장 적절한 것을 고르시오.

> The first trial resulted in a conviction, but the outcome of the first trial was _____ when new evidence proving innocence emerged in the second trial.

① deciphered

② depicted

③ acknowledged

④ nullified

어휘 실력 강화 연습문제 02회 REVIEW TEST

01

☐ sentence _____

☐ stuff _____

☐ surgery _____

☐ sympathy _____

05

☐ expenditure _____

☐ vessel _____

☐ tedium _____

☐ ergerness _____

02

☐ precocious _____

☐ inverted _____

☐ brief _____

☐ naughty _____

06

☐ surface _____

☐ wound _____

☐ pupil _____

☐ outline _____

03

☐ deadlock _____

☐ appetite _____

☐ widow _____

☐ approval _____

07

☐ false _____

☐ intimate _____

☐ useless _____

☐ urgent _____

04

☐ sedentary _____

☐ stubborn _____

☐ potable _____

☐ intelligent _____

08

☐ altruistic _____

☐ arrogant _____

☐ negligible _____

☐ diffident _____

정답 및 해설 p.13

09

☐ merger   _____

☐ interference   _____

☐ humility   _____

☐ antidote   _____

10

☐ decline   _____

☐ tempt   _____

☐ embrace   _____

☐ adopt   _____

11

☐ excavate   _____

☐ complement   _____

☐ imitate   _____

☐ claim   _____

12

☐ lack   _____

☐ resume   _____

☐ nomination   _____

☐ capability   _____

13

☐ limit   _____

☐ guarantee   _____

☐ charge   _____

☐ freeze   _____

14

☐ polite   _____

☐ weary   _____

☐ neat   _____

☐ generous   _____

15

☐ furious   _____

☐ fertile   _____

☐ awkward   _____

☐ confidential   _____

16

☐ infantile   _____

☐ reticent   _____

☐ innocuous   _____

☐ deliberate   _____

정답 및 해설 p.14

17

- ☐ aerial _____
- ☐ sanitary _____
- ☐ liquid _____
- ☐ furtive _____

18

- ☐ emigrate _____
- ☐ embezzle _____
- ☐ classify _____
- ☐ flatter _____

19

- ☐ interrogate _____
- ☐ fluctuate _____
- ☐ advocate _____
- ☐ plagiarize _____

20

- ☐ decipher _____
- ☐ depict _____
- ☐ acknowledge _____
- ☐ nullify _____

02

어휘 실력 강화 연습문제

제한 시간 | 문제당 1분
풀이 시간 | _____ 분

01 밑줄 친 부분에 들어갈 말로 가장 적절한 것을 고르시오.

> Her care during the difficult time was _____, and when everyone else turned away, she was the only one who stayed by my side.

① incensed
② unreliable
③ scornful
④ priceless

02 밑줄 친 부분에 들어갈 말로 가장 적절한 것을 고르시오.

> The only convenience store in the neighborhood caused a huge _____ in profits as convenience stores continued to emerge around it.

① surrogate
② diminution
③ sentry
④ perjury

03 밑줄 친 부분에 들어갈 말로 가장 적절한 것을 고르시오.

> It was too _____ for children to drink herbal medicine, so they had to eat sweet candy right after drinking it to get rid of the taste of herbal medicine.

① cheap
② facetious
③ bitter
④ feminine

04 밑줄 친 부분에 들어갈 말로 가장 적절한 것을 고르시오.

> Although it claimed to provide reliability, the website was filled only with _____ information designed to deceive users.

① virtuous
② spurious
③ blithe
④ trustworthy

정답 및 해설 p.16

05 밑줄 친 부분에 들어갈 말로 가장 적절한 것을 고르시오.

> A strong earthquake occurred and the building shook greatly, slowly beginning to _____ the walls.

① present

② contend

③ capitulate

④ crack

06 밑줄 친 부분에 들어갈 말로 가장 적절한 것을 고르시오.

> The dentist warned that too much cola will cause cavities and teeth will _____ if left unattended.

① decay

② excuse

③ adduce

④ repudiate

07 밑줄 친 부분에 들어갈 말로 가장 적절한 것을 고르시오.

> When giving advice to the other person, it is important to _____ constructively by offering solutions rather than simply pointing out the flaws.

① soak

② glean

③ criticize

④ plunder

08 밑줄 친 부분에 들어갈 말로 가장 적절한 것을 고르시오.

> The machinery was deemed _____; nonetheless, its robust design made it durable and still useful in some industries.

① obsolete

② palatable

③ anguished

④ eloquent

09 밑줄 친 부분에 들어갈 말로 가장 적절한 것을 고르시오.

> A student who displays _____ behavior towards the teacher during class should receive disciplinary actions from the school.

① formal

② salutary

③ courteous

④ impudent

10 밑줄 친 부분에 들어갈 말로 가장 적절한 것을 고르시오.

> Leaving a baby who is less than a year old alone is very _____ as a parent, and no one knows what will happen.

① reassuring

② valiant

③ propitious

④ irresponsible

11 밑줄 친 부분에 들어갈 말로 가장 적절한 것을 고르시오.

> Her face had an _____ appearance, with one eyebrow higher than the other, giving her a distinctive look.

① desiccated

② eligible

③ asymmetrical

④ chronic

12 밑줄 친 부분에 들어갈 말로 가장 적절한 것을 고르시오.

> The government implemented measures to _____ pollution levels; nevertheless, the air quality in some areas continued to worsen.

① neglect

② curtail

③ revitalize

④ multiply

13 밑줄 친 부분에 들어갈 말로 가장 적절한 것을 고르시오.

Immigration officers may temporarily _____ travelers until all confirmations have been completed if there is any doubt in their documents.

① detain

② invest

③ infect

④ flourish

14 밑줄 친 부분에 들어갈 말로 가장 적절한 것을 고르시오.

It has been scientifically proven that excessive drinking can _____ judgment and emotional control, so it is recommended to avoid excessive drinking.

① impair

② enhance

③ devote

④ consult

15 밑줄 친 부분에 들어갈 말로 가장 적절한 것을 고르시오.

An important requirement in the news is that it should be interesting and that the story should be _____ as new and first.

① bred

② ceased

③ covered

④ fled

16 밑줄 친 부분에 들어갈 말로 가장 적절한 것을 고르시오.

She promised not to _____ any of the confidential information; however, she accidentally mentioned it in a conversation.

① plummet

② divulge

③ bend

④ compensate

17 밑줄 친 부분에 들어갈 말로 가장 적절한 것을 고르시오.

> The terms of the contract were so _____ that it was obvious that confusion and inconsistency would occur later.

① authentic

② convenient

③ damp

④ nebulous

18 밑줄 친 부분에 들어갈 말로 가장 적절한 것을 고르시오.

> The new car model is known for its _____ fuel consumption, making it a popular choice among budget-conscious drivers.

① economical

② dense

③ hostile

④ costly

19 밑줄 친 부분에 들어갈 말로 가장 적절한 것을 고르시오.

> She was on her way home in the middle of the night when a _____ man followed her and ran straight to the police station.

① generous

② strange

③ intimate

④ vertical

20 밑줄 친 부분에 들어갈 말로 가장 적절한 것을 고르시오.

> The new administration promised to _____ the tax increase immediately, but the high taxes remained in place because the implementation process of the changes was too slow than expected.

① repeal

② cause

③ desire

④ envy

어휘 실력 강화 연습문제 03회 REVIEW TEST

01

- ☐ incensed _____
- ☐ unreliable _____
- ☐ scornful _____
- ☐ priceless _____

02

- ☐ surrogate _____
- ☐ diminution _____
- ☐ sentry _____
- ☐ perjury _____

03

- ☐ cheap _____
- ☐ facetious _____
- ☐ bitter _____
- ☐ feminine _____

04

- ☐ virtuous _____
- ☐ spurious _____
- ☐ blithe _____
- ☐ trustworthy _____

05

- ☐ present _____
- ☐ contend _____
- ☐ capitulate _____
- ☐ crack _____

06

- ☐ decay _____
- ☐ excuse _____
- ☐ adduce _____
- ☐ repudiate _____

07

- ☐ soak _____
- ☐ glean _____
- ☐ criticize _____
- ☐ plunder _____

08

- ☐ obsolete _____
- ☐ palatable _____
- ☐ anguished _____
- ☐ eloquent _____

정답 및 해설 p.20

09

☐ formal _____

☐ salutary _____

☐ courteous _____

☐ impudent _____

10

☐ reassuring _____

☐ valiant _____

☐ propitious _____

☐ irresponsible _____

11

☐ desiccated _____

☐ eligible _____

☐ asymmetrical _____

☐ chronic _____

12

☐ neglect _____

☐ curtail _____

☐ revitalize _____

☐ multiply _____

13

☐ detain _____

☐ invest _____

☐ infect _____

☐ flourish _____

14

☐ impair _____

☐ enhance _____

☐ devote _____

☐ consult _____

15

☐ breed _____

☐ cease _____

☐ cover _____

☐ flee _____

16

☐ plummet _____

☐ divulge _____

☐ bend _____

☐ compensate _____

정답 및 해설 p.21

17

☐ authentic _____

☐ convenient _____

☐ damp _____

☐ nebulous _____

18

☐ economical _____

☐ dense _____

☐ hostile _____

☐ costly _____

19

☐ generous _____

☐ strange _____

☐ intimate _____

☐ vertical _____

20

☐ repeal _____

☐ cause _____

☐ desire _____

☐ envy _____

03

01 밑줄 친 부분에 들어갈 말로 가장 적절한 것을 고르시오.

> The scholarships are not _____ to students with many unauthorized absences, even if they are the best students in the school.

① suffered

② revived

③ bestowed

④ preached

02 밑줄 친 부분에 들어갈 말로 가장 적절한 것을 고르시오.

> At the time of voting, some members decided to _____ rather than choose one following the opinions of both sides.

① abstain

② melt

③ fasten

④ exceed

03 밑줄 친 부분에 들어갈 말로 가장 적절한 것을 고르시오.

> The new employee was _____ in the first few weeks of entering the company, but gradually gained confidence as he adjusted to his role.

① diffident

② crisp

③ cheery

④ splendid

04 밑줄 친 부분에 들어갈 말로 가장 적절한 것을 고르시오.

> I tried every possible way to save the factory, but eventually the factory went _____ and I had to pay off my debt by disposing of all my assets.

① aesthetic

② ethical

③ bankrupt

④ flexible

정답 및 해설 p.23

05 밑줄 친 부분에 들어갈 말로 가장 적절한 것을 고르시오.

> When water freezes, it changes from a liquid to a _____ state, forming ice that maintains its shape until it is melted back into liquid.

① ideal

② keen

③ legal

④ solid

06 밑줄 친 부분에 들어갈 말로 가장 적절한 것을 고르시오.

> The company thrived thanks to its _____ employees, who also worked on weekends to achieve high productivity and quality.

① mortal

② naked

③ industrious

④ nervous

07 밑줄 친 부분에 들어갈 말로 가장 적절한 것을 고르시오.

> The artist's latest exhibition has been _____ by the art world, and many people have praised the innovative techniques used in the artist's work.

① spoiled

② acclaimed

③ scolded

④ relieved

08 밑줄 친 부분에 들어갈 말로 가장 적절한 것을 고르시오.

> Despite considerable opposition from the company's executives, the board of directors decided to resolve the matter by conducting a fair vote on whether to _____ the proposal.

① recycle

② invade

③ inhabit

④ accept

09 밑줄 친 부분에 들어갈 말로 가장 적절한 것을 고르시오.

> Elementary schools teach students to _____ the multiplication tables early on to reinforce their understanding of basic math concepts.

① hide

② recite

③ hesitate

④ immigrate

10 밑줄 친 부분에 들어갈 말로 가장 적절한 것을 고르시오.

> The mart staff decided to provide discount coupons that can be used in the next purchase to _____ customers who could not buy them because they were out of stock.

① glance

② frustrate

③ appease

④ explode

11 밑줄 친 부분에 들어갈 말로 가장 적절한 것을 고르시오.

> When taking a walk with your pet, you should be trained to _____ the owner's orders so that you don't rush into the people walking the street.

① obey

② exclude

③ dwell

④ declare

12 밑줄 친 부분에 들어갈 말로 가장 적절한 것을 고르시오.

> The customer was advised that a refund could be issued; however, she _____ this and requested an exchange instead.

① crawled

② rejected

③ blessed

④ attained

정답 및 해설 p.24~25

13 밑줄 친 부분에 들어갈 말로 가장 적절한 것을 고르시오.

> He spent most of his weekend passively in front of the TV, _____ time rather than challenging himself with something new.

① attracting

② appointing

③ degrading

④ squandering

14 밑줄 친 부분에 들어갈 말로 가장 적절한 것을 고르시오.

> When she turned 20, she wanted to live independently on her own, so she continuously _____ her parents, who wanted her to stay with them because they thought she was still too young.

① persuaded

② distributed

③ retreated

④ knotted

15 밑줄 친 부분에 들어갈 말로 가장 적절한 것을 고르시오.

> To achieve his dream of becoming the best professional athlete, he had to _____ his weekends off and time spent with friends for rigorous training.

① insert

② sacrifice

③ glare

④ extract

16 밑줄 친 부분에 들어갈 말로 가장 적절한 것을 고르시오.

> Although there was a _____ of rainfall this year, the crops surprisingly grew better than last year.

① abundance

② surfeit

③ spectacle

④ paucity

17 밑줄 친 부분에 들어갈 말로 가장 적절한 것을 고르시오.

> He decided to live a _____ life in the mountains, far from any human contact, after losing everything to a scam.

① solitary

② dairy

③ false

④ noisy

18 밑줄 친 부분에 들어갈 말로 가장 적절한 것을 고르시오.

> He quickly turned the steering wheel to the left to _____ a collision with a motorcycle that suddenly appeared, so there was no major accident.

① register

② pursue

③ justify

④ avert

19 밑줄 친 부분에 들어갈 말로 가장 적절한 것을 고르시오.

> The famous figure's speech at the conference was both inspiring and _____, leaving a positive impact on everyone in the audience.

① desperate

② silent

③ memorable

④ targic

20 밑줄 친 부분에 들어갈 말로 가장 적절한 것을 고르시오.

> The process was supposed to be _____, yet many felt there was a lack of clarity about how decisions were made.

① violent

② weird

③ silly

④ transparent

정답 및 해설 p.25~26

어휘 실력 강화 연습문제 04회 REVIEW TEST

01

☐ suffer _____

☐ revive _____

☐ bestow _____

☐ preach _____

02

☐ abstain _____

☐ melt _____

☐ fasten _____

☐ exceed _____

03

☐ diffident _____

☐ crisp _____

☐ cheery _____

☐ splendid _____

04

☐ aesthetic _____

☐ ethical _____

☐ bankrupt _____

☐ flexible _____

05

☐ ideal _____

☐ keen _____

☐ legal _____

☐ solid _____

06

☐ mortal _____

☐ naked _____

☐ industrious _____

☐ nervous _____

07

☐ spoil _____

☐ acclaim _____

☐ scold _____

☐ relieve _____

08

☐ recycle _____

☐ invade _____

☐ inhabit _____

☐ accept _____

정답 및 해설 p.27

09

☐ hide   _____

☐ recite   _____

☐ hesitate   _____

☐ immigrate   _____

10

☐ glance   _____

☐ frustrate   _____

☐ appease   _____

☐ explode   _____

11

☐ obey   _____

☐ exclude   _____

☐ dwell   _____

☐ declare   _____

12

☐ crawl   _____

☐ reject   _____

☐ bless   _____

☐ attain   _____

13

☐ attract   _____

☐ appoint   _____

☐ degrade   _____

☐ squander   _____

14

☐ persuade   _____

☐ distribute   _____

☐ retreat   _____

☐ knot   _____

15

☐ insert   _____

☐ sacrifice   _____

☐ glare   _____

☐ extract   _____

16

☐ abundance   _____

☐ surfeit   _____

☐ spectacle   _____

☐ paucity   _____

정답 및 해설 p.28

17

☐ solitary   _____

☐ dairy   _____

☐ false   _____

☐ noisy   _____

18

☐ register   _____

☐ pursue   _____

☐ justify   _____

☐ avert   _____

19

☐ desperate   _____

☐ silent   _____

☐ memorable   _____

☐ tragic   _____

20

☐ violent   _____

☐ weird   _____

☐ silly   _____

☐ transparent   _____

04

어휘 실력 강화 연습문제

01 밑줄 친 부분에 들어갈 말로 가장 적절한 것을 고르시오.

> The room was spacious enough to provide _____ comfort even for a large number of guests.

① paternal

② numb

③ sufficient

④ cramped

02 밑줄 친 부분에 들어갈 말로 가장 적절한 것을 고르시오.

> The mountain has many _____ cliffs, so there were warning signs at the entrance that required the attention of hikers.

① steep

② adaptive

③ fruitful

④ neutral

03 밑줄 친 부분에 들어갈 말로 가장 적절한 것을 고르시오.

> His _____ resignation, which had no complaints about the company, surprised his colleagues around him.

① spatial

② noted

③ sudden

④ affective

04 밑줄 친 부분에 들어갈 말로 가장 적절한 것을 고르시오.

> Though the area is known for its _____ water resources, the innovative irrigation methods have improved agricultural output.

① fraudulent

② scarce

③ ample

④ pleasant

정답 및 해설 p.30

05 밑줄 친 부분에 들어갈 말로 가장 적절한 것을 고르시오.

> Recently, as unmanned cafes have become more and more popular, more and more _____ stores are popping up in the region.

① hereditary

② similar

③ liquid

④ immature

06 밑줄 친 부분에 들어갈 말로 가장 적절한 것을 고르시오.

> With an urgent personality, she thought it was _____ for people to line up for hours to buy products.

① consultative

② periodical

③ suitable

④ ridiculous

07 밑줄 친 부분에 들어갈 말로 가장 적절한 것을 고르시오.

> Given the current lack of funds, her decision to save money for emergencies was a _____ option.

① foolish

② sensible

③ irresponsible

④ regional

08 밑줄 친 부분에 들어갈 말로 가장 적절한 것을 고르시오.

> The restaurant is located in a _____ area, yet people take the time to visit it frequently.

① savvy

② remote

③ decomposed

④ elementary

09 밑줄 친 부분에 들어갈 말로 가장 적절한 것을 고르시오.

Firefighters remain vigilant every day to ensure a _____ response when a fire is reported.

① tardy
② dubious
③ drained
④ rapid

10 밑줄 친 부분에 들어갈 말로 가장 적절한 것을 고르시오.

Access to the _____ land is restricted, and visitors need permission to enter.

① private
② vexed
③ candid
④ apathetic

11 밑줄 친 부분에 들어갈 말로 가장 적절한 것을 고르시오.

To ensure the taste of the food is always consistent, _____ amounts of ingredients are required.

① dangerous
② precise
③ vaporous
④ mistaken

12 밑줄 친 부분에 들어갈 말로 가장 적절한 것을 고르시오.

It is often said that eating vegetables _____ is better, but tomatoes are considered to be better when cooked.

① raw
② ravenous
③ offensive
④ severe

정답 및 해설 p.31~32

13 밑줄 친 부분에 들어갈 말로 가장 적절한 것을 고르시오.

> Time is a _____ resource that cannot be exchanged for anything, and it is important to use it wisely without wasting it.

① delightful

② gutless

③ precious

④ scornful

14 밑줄 친 부분에 들어갈 말로 가장 적절한 것을 고르시오.

> The band's latest album became so _____ that it has consistently remained at the top of the music charts.

① unwieldy

② wary

③ wordy

④ popular

15 밑줄 친 부분에 들어갈 말로 가장 적절한 것을 고르시오.

> The city's architecture is largely _____, with few buildings that stand out.

① friendly

② brave

③ ordinary

④ dissolvable

16 밑줄 친 부분에 들어갈 말로 가장 적절한 것을 고르시오.

> Being _____ to everyone, regardless of their position or status, is truly important in building good relationships.

① disparate

② polite

③ wicked

④ selfish

17 밑줄 친 부분에 들어갈 말로 가장 적절한 것을 고르시오.

> Numbers are not just even; they also include _____ numbers.

① allusive

② spare

③ stingy

④ odd

18 밑줄 친 부분에 들어갈 말로 가장 적절한 것을 고르시오.

> Public officials should not engage in activities that influence election results, and they must maintain a _____ stance regarding politics.

① neutral

② biased

③ turbulent

④ insolent

19 밑줄 친 부분에 들어갈 말로 가장 적절한 것을 고르시오.

> She was disappointed to receive _____ feedback on the presentation she had worked hard to prepare.

① desirable

② grand

③ useful

④ negative

20 밑줄 친 부분에 들어갈 말로 가장 적절한 것을 고르시오.

> The house had a passage to the kitchen that was very _____; however, the kitchen itself was so spacious that several people could cook at the same time.

① thrilled

② broad

③ narrow

④ corporal

정답 및 해설 p.32~33

어휘 실력 강화 연습문제 05회 REVIEW TEST

01

☐ paternal _____

☐ numb _____

☐ sufficient _____

☐ cramped _____

02

☐ steep _____

☐ adaptive _____

☐ fruitful _____

☐ neutral _____

03

☐ spatial _____

☐ noted _____

☐ sudden _____

☐ affective _____

04

☐ fraudulent _____

☐ scarce _____

☐ ample _____

☐ pleasant _____

05

☐ hereditary _____

☐ similar _____

☐ liquid _____

☐ immature _____

06

☐ consultative _____

☐ periodical _____

☐ suitable _____

☐ ridiculous _____

07

☐ foolish _____

☐ sensible _____

☐ irresponsible _____

☐ regional _____

08

☐ savvy _____

☐ remote _____

☐ decomposed _____

☐ elementary _____

05

정답 및 해설 p.34

09

- [ ] tardy　　　　＿＿＿＿＿＿＿＿＿＿
- [ ] dubious　　　＿＿＿＿＿＿＿＿＿＿
- [ ] drained　　　＿＿＿＿＿＿＿＿＿＿
- [ ] rapid　　　　＿＿＿＿＿＿＿＿＿＿

10

- [ ] private　　　＿＿＿＿＿＿＿＿＿＿
- [ ] vexed　　　　＿＿＿＿＿＿＿＿＿＿
- [ ] candid　　　　＿＿＿＿＿＿＿＿＿＿
- [ ] apathetic　　＿＿＿＿＿＿＿＿＿＿

11

- [ ] dangerous　　＿＿＿＿＿＿＿＿＿＿
- [ ] precise　　　＿＿＿＿＿＿＿＿＿＿
- [ ] vaporous　　＿＿＿＿＿＿＿＿＿＿
- [ ] mistaken　　＿＿＿＿＿＿＿＿＿＿

12

- [ ] raw　　　　　＿＿＿＿＿＿＿＿＿＿
- [ ] ravenous　　＿＿＿＿＿＿＿＿＿＿
- [ ] offensive　　＿＿＿＿＿＿＿＿＿＿
- [ ] severe　　　＿＿＿＿＿＿＿＿＿＿

13

- [ ] delightful　　＿＿＿＿＿＿＿＿＿＿
- [ ] gutless　　　＿＿＿＿＿＿＿＿＿＿
- [ ] precious　　＿＿＿＿＿＿＿＿＿＿
- [ ] scornful　　＿＿＿＿＿＿＿＿＿＿

14

- [ ] unwieldy　　＿＿＿＿＿＿＿＿＿＿
- [ ] wary　　　　＿＿＿＿＿＿＿＿＿＿
- [ ] wordy　　　　＿＿＿＿＿＿＿＿＿＿
- [ ] popular　　　＿＿＿＿＿＿＿＿＿＿

15

- [ ] friendly　　＿＿＿＿＿＿＿＿＿＿
- [ ] brave　　　　＿＿＿＿＿＿＿＿＿＿
- [ ] ordinary　　＿＿＿＿＿＿＿＿＿＿
- [ ] dissolvable　＿＿＿＿＿＿＿＿＿＿

16

- [ ] disparate　　＿＿＿＿＿＿＿＿＿＿
- [ ] polite　　　　＿＿＿＿＿＿＿＿＿＿
- [ ] wicked　　　＿＿＿＿＿＿＿＿＿＿
- [ ] selfish　　　＿＿＿＿＿＿＿＿＿＿

정답 및 해설 p.35

17

☐ allusive   _____

☐ spare   _____

☐ stingy   _____

☐ odd   _____

18

☐ neutral   _____

☐ biased   _____

☐ turbulent   _____

☐ insolent   _____

19

☐ desirable   _____

☐ grand   _____

☐ useful   _____

☐ negative   _____

20

☐ thrilled   _____

☐ broad   _____

☐ narrow   _____

☐ corporal   _____

05

어휘 실력 강화 연습문제

01 밑줄 친 부분에 들어갈 말로 가장 적절한 것을 고르시오.

> Her _____ habit of frequently interrupting others during conversations was becoming increasingly annoying.

① nasty
② structural
③ maternal
④ infectious

02 밑줄 친 부분에 들어갈 말로 가장 적절한 것을 고르시오.

> Maintaining _____ health is just as important as taking care of physical health.

① precise
② deaf
③ mental
④ elderly

03 밑줄 친 부분에 들어갈 말로 가장 적절한 것을 고르시오.

> Before going rock climbing, any _____ parts in the rope must be securely tightened to ensure it is strong and safe.

① adaptive
② loose
③ maritime
④ firm

04 밑줄 친 부분에 들어갈 말로 가장 적절한 것을 고르시오.

> She followed all the _____ procedures, but her application was still denied without any reason.

① abroad
② fraudulent
③ legal
④ wrong

정답 및 해설 p.37

05 밑줄 친 부분에 들어갈 말로 가장 적절한 것을 고르시오.

> The defendant maintained his _____ throughout the trial, claiming that he was wrongfully accused.

① comfortable

② inland

③ guilty

④ innocence

06 밑줄 친 부분에 들어갈 말로 가장 적절한 것을 고르시오.

> The aging process is an _____ part of life that everyone must accept.

① inevitable

② statistical

③ regional

④ upper

07 밑줄 친 부분에 들어갈 말로 가장 적절한 것을 고르시오.

> Certain animals have evolved to develop _____ responses that protect them from specific toxins in the wild.

① municipal

② industrial

③ immune

④ destroyed

08 밑줄 친 부분에 들어갈 말로 가장 적절한 것을 고르시오.

> She wore _____ attire to the company event, which was a relaxed gathering rather than a official affair.

① autonomous

② homogeneous

③ skeptical

④ informal

09 밑줄 친 부분에 들어갈 말로 가장 적절한 것을 고르시오.

> The designs of the two products were _____, leading to a dispute over copyright infringement.

① identical
② intermittent
③ trustworthy
④ dissimilar

10 밑줄 친 부분에 들어갈 말로 가장 적절한 것을 고르시오.

> They decided to implement a _____ increase in product prices, as a sharp price rise could lead to customer backlash.

① fast
② accountable
③ gradual
④ equivocal

11 밑줄 친 부분에 들어갈 말로 가장 적절한 것을 고르시오.

> He was _____ after learning that someone had stolen his favorite car.

① juvenile
② furious
③ pleasant
④ recognized

12 밑줄 친 부분에 들어갈 말로 가장 적절한 것을 고르시오.

> The weather agency had anticipated _____ rain during the summer; however, it became one of the driest seasons on record.

① armed
② frequent
③ invincible
④ uncommon

정답 및 해설 p.38~39

13 밑줄 친 부분에 들어갈 말로 가장 적절한 것을 고르시오.

> He often reads _____ newspaper articles to get information about events happening around the world.

① inadvertent

② silent

③ foreign

④ remote

14 밑줄 친 부분에 들어갈 말로 가장 적절한 것을 고르시오.

> The volcanic eruption caused such severe environmental damage that several plant species became _____.

① extinct

② precocious

③ gloomy

④ modest

15 밑줄 친 부분에 들어갈 말로 가장 적절한 것을 고르시오.

> A watch is designed with complicated small parts, so a watch repairer requires _____ repair skills.

① benevolent

② capricious

③ clumsy

④ elaborate

16 밑줄 친 부분에 들어갈 말로 가장 적절한 것을 고르시오.

> Although the _____ of the building appears modern and stylish, the interior is still outdated.

① arbitrary

② exterior

③ volatile

④ nomadic

17 밑줄 친 부분에 들어갈 말로 가장 적절한 것을 고르시오.

> She prefers _____ products over imported ones because they come with longer warranties and are easier to repair.

① gullible

② stained

③ timid

④ domestic

18 밑줄 친 부분에 들어갈 말로 가장 적절한 것을 고르시오.

> The lawyer handles more _____ cases dealing with cases related to personal and property disputes than criminal cases.

① civil

② imprudent

③ reticent

④ rude

19 밑줄 친 부분에 들어갈 말로 가장 적절한 것을 고르시오.

> I didn't know anyone at the party I was invited to, so I looked _____ and didn't know what to do.

① brittle

② mandatory

③ awkward

④ trivial

20 밑줄 친 부분에 들어갈 말로 가장 적절한 것을 고르시오.

> The antique store specializes in _____ collectibles; nevertheless, some items were found to be modern reproductions.

① infantile

② authentic

③ punctual

④ counterfeit

정답 및 해설 p.39~40

어휘 실력 강화 연습문제 06회 REVIEW TEST 👍

01

☐ nasty _____

☐ structural _____

☐ maternal _____

☐ infectious _____

02

☐ precise _____

☐ deaf _____

☐ mental _____

☐ elderly _____

03

☐ adaptive _____

☐ loose _____

☐ maritime _____

☐ firm _____

04

☐ abroad _____

☐ fraudulent _____

☐ legal _____

☐ wrong _____

05

☐ comfortable _____

☐ inland _____

☐ guilty _____

☐ innocence _____

06

☐ inevitable _____

☐ statistical _____

☐ regional _____

☐ upper _____

07

☐ municipal _____

☐ industrial _____

☐ immune _____

☐ destroyed _____

08

☐ autonomous _____

☐ homogeneous _____

☐ skeptical _____

☐ informal _____

정답 및 해설 p.41

09

- [ ] identical _____
- [ ] intermittent _____
- [ ] trustworthy _____
- [ ] dissimilar _____

10

- [ ] fast _____
- [ ] accountable _____
- [ ] gradual _____
- [ ] equivocal _____

11

- [ ] juvenile _____
- [ ] furious _____
- [ ] pleasant _____
- [ ] recognized _____

12

- [ ] armed _____
- [ ] frequent _____
- [ ] invincible _____
- [ ] uncommon _____

13

- [ ] inadvertent _____
- [ ] silent _____
- [ ] foreign _____
- [ ] remote _____

14

- [ ] extinct _____
- [ ] precocious _____
- [ ] gloomy _____
- [ ] modest _____

15

- [ ] benevolent _____
- [ ] capricious _____
- [ ] clumsy _____
- [ ] elaborate _____

16

- [ ] arbitrary _____
- [ ] exterior _____
- [ ] volatile _____
- [ ] nomadic _____

정답 및 해설 p.42

17

- [ ] gullible   _____
- [ ] stained   _____
- [ ] timid   _____
- [ ] domestic   _____

18

- [ ] civil   _____
- [ ] imprudent   _____
- [ ] reticent   _____
- [ ] rude   _____

19

- [ ] brittle   _____
- [ ] mandatory   _____
- [ ] awkward   _____
- [ ] trivial   _____

20

- [ ] infantile   _____
- [ ] authentic   _____
- [ ] punctual   _____
- [ ] counterfeit   _____

06

01 밑줄 친 부분에 들어갈 말로 가장 적절한 것을 고르시오.

> She preferred the _____ lighting in the studio to the natural light for her photo shoot.

① incorrect

② impolite

③ heedless

④ artificial

02 밑줄 친 부분에 들어갈 말로 가장 적절한 것을 고르시오.

> The damage to the car after the accident was _____, and several dents and scratches were clearly visible.

① hypocritical

② apparent

③ momentary

④ vague

03 밑줄 친 부분에 들어갈 말로 가장 적절한 것을 고르시오.

> The spread of misinformation can _____ trust in legitimate news sources.

① intensify

② reckon

③ undermine

④ improve

04 밑줄 친 부분에 들어갈 말로 가장 적절한 것을 고르시오.

> Although the patient who suffered a fall generally lost enough blood to kill a person, the doctor who confirmed he was still _____ immediately performed the operation.

① affluent

② alive

③ needy

④ sagacious

정답 및 해설 p.44

05 밑줄 친 부분에 들어갈 말로 가장 적절한 것을 고르시오.

> The wise highway manager _____ that accidents are particularly frequent in tunnels and that drivers should reduce their speed inside them.

① warned

② diluted

③ objected

④ scribbled

06 밑줄 친 부분에 들어갈 말로 가장 적절한 것을 고르시오.

> Excluding the Bible, the novel titled The Little Prince has been _____ into the most languages in the world.

① receded

② fermented

③ vanished

④ translated

07 밑줄 친 부분에 들어갈 말로 가장 적절한 것을 고르시오.

> The student, who had been unable to attend school for two weeks, was marked _____ because he did not submit a doctor's note or the surgery records.

① secure

② absent

③ pertinent

④ diligent

08 밑줄 친 부분에 들어갈 말로 가장 적절한 것을 고르시오.

> The medication was known for its effectiveness; however, it caused _____ reactions in some people, including nausea and dizziness.

① adverse

② germane

③ effective

④ superior

09 밑줄 친 부분에 들어갈 말로 가장 적절한 것을 고르시오.

> Urban redevelopment plans can _____ neglected areas into vibrant and thriving communities.

① bargain

② preclude

③ transform

④ distress

10 밑줄 친 부분에 들어갈 말로 가장 적절한 것을 고르시오.

> She was called to _____ in court about what she saw during the incident.

① digress

② esteem

③ testify

④ surrender

11 밑줄 친 부분에 들어갈 말로 가장 적절한 것을 고르시오.

> The landlord has the right to _____ the lease if the tenant fails to pay rent on time.

① terminate

② barter

③ swindle

④ deceive

12 밑줄 친 부분에 들어갈 말로 가장 적절한 것을 고르시오.

> The river began to _____ with the heavy rainfall, causing flooding in nearby areas.

① redress

② enroll

③ swell

④ dry

정답 및 해설 p.45~46

13 밑줄 친 부분에 들어갈 말로 가장 적절한 것을 고르시오.

> He was _____ from work for two weeks after violating the company's code of conduct.

① recommended

② emulated

③ extolled

④ suspended

14 밑줄 친 부분에 들어갈 말로 가장 적절한 것을 고르시오.

> _____ we leave earlier than usual to avoid traffic, we should be able to arrive at our destination on time.

① Eschew

② Elude

③ Relinquish

④ Suppose

15 밑줄 친 부분에 들어갈 말로 가장 적절한 것을 고르시오.

> Many children in the war-torn region are at risk of _____ due to the lack of food aid.

① starving

② dissimulating

③ rotating

④ swearing

16 밑줄 친 부분에 들어갈 말로 가장 적절한 것을 고르시오.

> Though the sweater was too large at first, it _____ significantly after washing.

① peculated

② shrank

③ revamped

④ abhorred

07

17 밑줄 친 부분에 들어갈 말로 가장 적절한 것을 고르시오.

> After gathering sufficient evidence of the crime, the detectives were able to _____ the suspect at his home.

① burden

② seize

③ replenish

④ award

18 밑줄 친 부분에 들어갈 말로 가장 적절한 것을 고르시오.

> The project was temporarily halted due to funding issues, but with the secured investment, it is ready to _____ work next week.

① charm

② sway

③ resume

④ eliminate

19 밑줄 친 부분에 들어갈 말로 가장 적절한 것을 고르시오.

> The nutritionist advised to _____ the intake of foods that contain excess sugar to prevent diabetes.

① promote

② encourage

③ facilitate

④ restrict

20 밑줄 친 부분에 들어갈 말로 가장 적절한 것을 고르시오.

> Though we _____ the rental car online, we were told that no cars were available when we went to pick it up.

① excluded

② reserved

③ waned

④ neglected

정답 및 해설 p.47

어휘 실력 강화 연습문제 07회 REVIEW TEST

01

☐ incorrect _____

☐ impolite _____

☐ heedless _____

☐ artificial _____

02

☐ hypocritical _____

☐ apparent _____

☐ momentary _____

☐ vague _____

03

☐ intensify _____

☐ reckon _____

☐ undermine _____

☐ improve _____

04

☐ affluent _____

☐ alive _____

☐ needy _____

☐ sagacious _____

05

☐ warn _____

☐ dilute _____

☐ object _____

☐ scribble _____

06

☐ recede _____

☐ ferment _____

☐ vanish _____

☐ translate _____

07

☐ secure _____

☐ absent _____

☐ pertinent _____

☐ diligent _____

08

☐ adverse _____

☐ germane _____

☐ effective _____

☐ superior _____

07

정답 및 해설 p.48

09

☐ bargain _____

☐ preclude _____

☐ transform _____

☐ distress _____

10

☐ digress _____

☐ esteem _____

☐ testify _____

☐ surrender _____

11

☐ terminate _____

☐ barter _____

☐ swindle _____

☐ deceive _____

12

☐ redress _____

☐ enroll _____

☐ swell _____

☐ dry _____

13

☐ recommend _____

☐ emulate _____

☐ extol _____

☐ suspend _____

14

☐ eschew _____

☐ elude _____

☐ relinquish _____

☐ suppose _____

15

☐ starve _____

☐ dissimulate _____

☐ rotate _____

☐ swear _____

16

☐ peculate _____

☐ shrink _____

☐ revamp _____

☐ abhor _____

정답 및 해설 p.49

17

☐ burden   _____

☐ seize   _____

☐ replenish   _____

☐ award   _____

18

☐ charm   _____

☐ sway   _____

☐ resume   _____

☐ eliminate   _____

19

☐ promote   _____

☐ encourage   _____

☐ facilitate   _____

☐ restrict   _____

20

☐ exclude   _____

☐ reserve   _____

☐ wane   _____

☐ neglect   _____

07

어휘 실력 강화 연습문제

01 밑줄 친 부분에 들어갈 말로 가장 적절한 것을 고르시오.

> The woman _____ her mother in both appearance and personality, so even people who meet them for the first time can tell they are family.

① casts

② erodes

③ admonishes

④ resembles

02 밑줄 친 부분에 들어갈 말로 가장 적절한 것을 고르시오.

> The company will _____ the defective machinery at no extra cost during the warranty period.

① replace

② destroy

③ devour

④ shelve

03 밑줄 친 부분에 들어갈 말로 가장 적절한 것을 고르시오.

> After moving, you must _____ your new address at the local community center within 30 days.

① concoct

② dignify

③ register

④ falsify

04 밑줄 친 부분에 들어갈 말로 가장 적절한 것을 고르시오.

> Despite the severe damage from the flood, the town was able to _____ and rebuild within a year with the help of many people.

① reveal

② reject

③ repudiate

④ recover

정답 및 해설 p.51

05 밑줄 친 부분에 들어갈 말로 가장 적절한 것을 고르시오.

> Parents should _____ their children for the purpose of teaching the right behavior rather than expressing anger when they do something wrong.

① punish
② betray
③ disguise
④ court

07 밑줄 친 부분에 들어갈 말로 가장 적절한 것을 고르시오.

> Smoking is _____ in almost all public buildings, and fines are imposed for violations.

① faded
② prohibited
③ permitted
④ nurtured

06 밑줄 친 부분에 들어갈 말로 가장 적절한 것을 고르시오.

> The English teacher told the students that it is more effective to memorize new words while _____ them.

① degrading
② pronouncing
③ complimenting
④ dulling

08 밑줄 친 부분에 들어갈 말로 가장 적절한 것을 고르시오.

> They added extra security to _____ data breaches, but sensitive information was still leaked.

① allow
② delegate
③ prevent
④ afflict

09 밑줄 친 부분에 들어갈 말로 가장 적절한 것을 고르시오.

> Each local civic groups _____ the construction of a landfill in their area and refuse to cooperate with the administrative aspects of the project.

① oppose

② refund

③ supplement

④ linger

10 밑줄 친 부분에 들어갈 말로 가장 적절한 것을 고르시오.

> Ecologists stay in the natural habitats of wild animals for several days to _____ their behavior and study their living patterns.

① suppress

② curb

③ observe

④ deminish

11 밑줄 친 부분에 들어갈 말로 가장 적절한 것을 고르시오.

> The President has the inherent power to _____ ministers of each department of administration.

① disparage

② appoint

③ codify

④ depict

12 밑줄 친 부분에 들어갈 말로 가장 적절한 것을 고르시오.

> The chairman tried to _____ the conflict between the two parties; however, the disagreement only intensified.

① support

② hustle

③ plead

④ mediate

정답 및 해설 p.52~53

13 밑줄 친 부분에 들어갈 말로 가장 적절한 것을 고르시오.

> As the project deadline gradually approached, there was still so much to deal with that the pressure on the deadline began to _____.

① mount

② lessen

③ quarrel

④ disappear

14 밑줄 친 부분에 들어갈 말로 가장 적절한 것을 고르시오.

> Many fish species _____ upstream to lay their eggs, overcoming numerous obstacles along the way.

① equate

② renounce

③ conciliate

④ migrate

15 밑줄 친 부분에 들어갈 말로 가장 적절한 것을 고르시오.

> To prevent the spread of the disease, the government decided to _____ the infected patients in quarantine facilities.

① dump

② overlap

③ isolate

④ threaten

16 밑줄 친 부분에 들어갈 말로 가장 적절한 것을 고르시오.

> The new policy was intended to streamline operations; nonetheless, the complex procedures ended up _____ the staff even more.

① stabilizing

② burrowing

③ irritating

④ conferring

17 밑줄 친 부분에 들어갈 말로 가장 적절한 것을 고르시오.

> When a computer virus _____ the network, it not only slows down the computer but also significantly increases the risk of personal information being leaked.

① reimburses

② forbids

③ boasts

④ invades

18 밑줄 친 부분에 들어갈 말로 가장 적절한 것을 고르시오.

> How to _____ a work of art can vary greatly depending on the individual's perspective.

① wreck

② discourage

③ discard

④ interpret

19 밑줄 친 부분에 들어갈 말로 가장 적절한 것을 고르시오.

> Public officials should _____ kindly with civil petitioners, talk with them in a warm manner, and try to help them.

① interact

② voyage

③ twist

④ trouble

20 밑줄 친 부분에 들어갈 말로 가장 적절한 것을 고르시오.

> They planned to _____ the merger talks this month; nonetheless, the negotiations were postponed due to disagreements between the two sides.

① torture

② initiate

③ stitch

④ smash

정답 및 해설 p.54

어휘 실력 강화 연습문제 08회 REVIEW TEST

01

☐ cast _____

☐ erode _____

☐ admonish _____

☐ resemble _____

02

☐ replace _____

☐ destroy _____

☐ devour _____

☐ shelve _____

03

☐ concoct _____

☐ dignify _____

☐ register _____

☐ falsify _____

04

☐ reveal _____

☐ reject _____

☐ repudiate _____

☐ recover _____

05

☐ punish _____

☐ betray _____

☐ disguise _____

☐ court _____

06

☐ degrade _____

☐ pronounce _____

☐ compliment _____

☐ dull _____

07

☐ fade _____

☐ prohibit _____

☐ permit _____

☐ nurture _____

08

☐ allow _____

☐ delegate _____

☐ prevent _____

☐ afflict _____

정답 및 해설 p.55

09

- ☐ oppose　_____
- ☐ refund　_____
- ☐ supplement　_____
- ☐ linger　_____

10

- ☐ suppress　_____
- ☐ curb　_____
- ☐ observe　_____
- ☐ diminish　_____

11

- ☐ disparage　_____
- ☐ appoint　_____
- ☐ codify　_____
- ☐ depict　_____

12

- ☐ support　_____
- ☐ hustle　_____
- ☐ plead　_____
- ☐ mediate　_____

13

- ☐ mount　_____
- ☐ lessen　_____
- ☐ quarrel　_____
- ☐ disappear　_____

14

- ☐ equate　_____
- ☐ renounce　_____
- ☐ conciliate　_____
- ☐ migrate　_____

15

- ☐ dump　_____
- ☐ overlap　_____
- ☐ isolate　_____
- ☐ threaten　_____

16

- ☐ stabilize　_____
- ☐ burrow　_____
- ☐ irritate　_____
- ☐ confer　_____

정답 및 해설 p.56

17

☐ reimburse _____

☐ forbid _____

☐ boast _____

☐ invade _____

19

☐ interact _____

☐ voyage _____

☐ twist _____

☐ trouble _____

18

☐ wreck _____

☐ discourage _____

☐ discard _____

☐ interpret _____

20

☐ torture _____

☐ initiate _____

☐ stitch _____

☐ smash _____

어휘 실력 강화 연습문제

제한 시간 | 문제당 1분
풀이 시간 | _____ 분

01 밑줄 친 부분에 들어갈 말로 가장 적절한 것을 고르시오.

> She dressed the children warmly to ensure they were not _____ to the harsh winter winds on their way to school.

① discontinued

② promulgated

③ scoured

④ exposed

02 밑줄 친 부분에 들어갈 말로 가장 적절한 것을 고르시오.

> Internet news sites often _____ or sensationalize article headlines to attract more viewers.

① exaggerate

② invigorate

③ dispatch

④ rehearse

03 밑줄 친 부분에 들어갈 말로 가장 적절한 것을 고르시오.

> The profits from the project will be _____ evenly among the team members, ensuring that no one receives more or less than others.

① deluded

② protruded

③ abducted

④ distributed

04 밑줄 친 부분에 들어갈 말로 가장 적절한 것을 고르시오.

> The company's large-scale marketing campaign aimed to _____ sales; nevertheless, the outcome was a decrease in revenue.

① deem

② boost

③ inquire

④ consent

정답 및 해설 p.58

05 밑줄 친 부분에 들어갈 말로 가장 적절한 것을 고르시오.

> Based on the witness's testimony and various CCTV footage, the police _____ that the suspect was present at the scene and applied for an arrest warrant.

① smuggled

② concluded

③ merchandised

④ outsourced

07 밑줄 친 부분에 들어갈 말로 가장 적절한 것을 고르시오.

> We _____ that the overall salary increase would have a positive impact on the morale of public employees, but contrary to our expectations, it did not have a significant positive effect.

① inherited

② reclaimed

③ irrigated

④ anticipated

06 밑줄 친 부분에 들어갈 말로 가장 적절한 것을 고르시오.

> New employees will be _____ the most basic tasks initially when they join the company and will gradually take on more responsibilities as they adapt to the organization.

① wasted

② incised

③ assigned

④ diagnosed

08 밑줄 친 부분에 들어갈 말로 가장 적절한 것을 고르시오.

> They signed a long-term _____ for the new office space; however, the company decided to relocate after just one month due to unavoidable circumstances.

① lease

② broaden

③ penetrate

④ cease

09 밑줄 친 부분에 들어갈 말로 가장 적절한 것을 고르시오.

> The countries participating in the _____ concluded with a joint statement outlining their agreed goals and actions to solve global problems.

① innovation

② accounting

③ summit

④ certification

10 밑줄 친 부분에 들어갈 말로 가장 적절한 것을 고르시오.

> She memorized the _____ of dance moves and lines thoroughly for a flawless theater performance.

① sequence

② catalyst

③ appraisal

④ amphibian

11 밑줄 친 부분에 들어갈 말로 가장 적절한 것을 고르시오.

> The local government _____ with businesses to secure grants and investments aimed at revitalizing the community.

① paroled

② violated

③ affiliated

④ petitioned

12 밑줄 친 부분에 들어갈 말로 가장 적절한 것을 고르시오.

> They planned a local festival to preserve and promote cultural _____, but they struggled to engage younger generations who were less interested in traditional practices.

① bondage

② security

③ heritage

④ clause

정답 및 해설 p.59~60

13 밑줄 친 부분에 들어갈 말로 가장 적절한 것을 고르시오.

> _____ a public official who has received a bribe without listening to any excuses is essential for creating a fair public service system.

① Propelling

② Depriving

③ Disseminating

④ Entrusting

14 밑줄 친 부분에 들어갈 말로 가장 적절한 것을 고르시오.

> The _____ of harmful bacteria in the water supply made it unsafe for drinking, leading authorities to issue a warning.

① presence

② defendant

③ verdict

④ absence

15 밑줄 친 부분에 들어갈 말로 가장 적절한 것을 고르시오.

> The agenda was passed unanimously in _____, and now the government has announced plans to implement it swiftly.

① mankind

② defector

③ parliament

④ triumph

16 밑줄 친 부분에 들어갈 말로 가장 적절한 것을 고르시오.

> The software update promised enhanced security features; nonetheless, a _____ in the update exposed users to greater risks.

① alliance

② zenith

③ patrol

④ flaw

17 밑줄 친 부분에 들어갈 말로 가장 적절한 것을 고르시오.

> It is dangerous to take the medicine three times a day at once, so it is recommended to take it at _____ of four to six hours.

① incomes
② treaties
③ subsidies
④ intervals

18 밑줄 친 부분에 들어갈 말로 가장 적절한 것을 고르시오.

> The incident was a man-made _____ caused by a public official who ignored the response manual and proceeded recklessly based on their own judgment.

① pension
② disaster
③ payment
④ institution

19 밑줄 친 부분에 들어갈 말로 가장 적절한 것을 고르시오.

> The local government proceeded with road maintenance work without any plan, resulting in the squander of government subsidies and a major _____ in their budget planning.

① crisis
② coordination
③ embassy
④ yardstick

20 밑줄 친 부분에 들어갈 말로 가장 적절한 것을 고르시오.

> The innovative design was praised for its creativity; yet, it faced _____ over its practicality and usability.

① livestock
② controversy
③ desert
④ admission

정답 및 해설 p.60~61

어휘 실력 강화 연습문제 09회 REVIEW TEST

01
☐ discontinue _____

☐ promulgate _____

☐ scour _____

☐ expose _____

02
☐ exaggerate _____

☐ invigorate _____

☐ dispatch _____

☐ rehearse _____

03
☐ delude _____

☐ protrude _____

☐ abduct _____

☐ distribute _____

04
☐ deem _____

☐ boost _____

☐ inquire _____

☐ consent _____

05
☐ smuggle _____

☐ conclude _____

☐ merchandise _____

☐ outsource _____

06
☐ waste _____

☐ incise _____

☐ assign _____

☐ diagnose _____

07
☐ inherit _____

☐ reclaim _____

☐ irrigate _____

☐ anticipate _____

08
☐ lease _____

☐ broaden _____

☐ penetrate _____

☐ cease _____

정답 및 해설 p.62

09

☐ innovation _____

☐ accounting _____

☐ summit _____

☐ certification _____

10

☐ sequence _____

☐ catalyst _____

☐ appraisal _____

☐ amphibian _____

11

☐ parole _____

☐ violate _____

☐ affiliate _____

☐ petition _____

12

☐ bondage _____

☐ security _____

☐ heritage _____

☐ clause _____

13

☐ propel _____

☐ deprive _____

☐ disseminate _____

☐ entrust _____

14

☐ presence _____

☐ defendant _____

☐ verdict _____

☐ absence _____

15

☐ mankind _____

☐ defector _____

☐ parliament _____

☐ triumph _____

16

☐ alliance _____

☐ zenith _____

☐ patrol _____

☐ flaw _____

정답 및 해설 p.63

17

- [ ] income   _____
- [ ] treaty   _____
- [ ] subsidy   _____
- [ ] interval   _____

18

- [ ] pension   _____
- [ ] disaster   _____
- [ ] payment   _____
- [ ] institution   _____

19

- [ ] crisis   _____
- [ ] coordination   _____
- [ ] embassy   _____
- [ ] yardstick   _____

20

- [ ] livestock   _____
- [ ] controversy   _____
- [ ] desert   _____
- [ ] admission   _____

어휘 실력 강화 연습문제

제한 시간 | 문제당 1분
풀이 시간 | _____ 분

01 밑줄 친 부분에 들어갈 말로 가장 적절한 것을 고르시오.

> Many young people are finding it difficult to get a job, and many still remain _____.

① compatible
② ancient
③ dominant
④ unemployed

02 밑줄 친 부분에 들어갈 말로 가장 적절한 것을 고르시오.

> The car that stopped while driving needs a complete _____ to be safely driven again.

① boundary
② overhaul
③ ideology
④ charity

03 밑줄 친 부분에 들어갈 말로 가장 적절한 것을 고르시오.

> The process of manually classifying vast amounts of data is very _____ and time consuming.

① straightforward
② federal
③ elegant
④ laborious

04 밑줄 친 부분에 들어갈 말로 가장 적절한 것을 고르시오.

> While many people think that success comes solely from talent, this is a _____ that overlooks the importance of hard work.

① fallacy
② conscience
③ industry
④ sight

정답 및 해설 p.65

05 밑줄 친 부분에 들어갈 말로 가장 적절한 것을 고르시오.

> The audit was conducted to assess the bank's _____ in a volatile market.

① solvency

② conversation

③ instinct

④ spectacle

07 밑줄 친 부분에 들어갈 말로 가장 적절한 것을 고르시오.

> According to studies, a balanced diet significantly contributes to increased _____ and reduces the risk of chronic diseases.

① longevity

② convention

③ surgery

④ luxury

06 밑줄 친 부분에 들어갈 말로 가장 적절한 것을 고르시오.

> The company holds a _____ in the local telecommunications market, leaving customers with few alternatives.

① landscape

② monopoly

③ council

④ suburb

08 밑줄 친 부분에 들어갈 말로 가장 적절한 것을 고르시오.

> Although some writers think that their initial drafts are sufficient, careful _____ usually uncovers hidden flaws.

① tenant

② merchant

③ revision

④ creature

10

09 밑줄 친 부분에 들어갈 말로 가장 적절한 것을 고르시오.

> The hot weather often brings a feeling of _____, making it hard to stay active and motivated throughout the day.

① pleasure

② custody

③ merit

④ lethargy

10 밑줄 친 부분에 들어갈 말로 가장 적절한 것을 고르시오.

> After the storm passed, the streets were filled with _____, making it difficult for residents to navigate their neighborhoods.

① debris

② destiny

③ monument

④ vacuum

11 밑줄 친 부분에 들어갈 말로 가장 적절한 것을 고르시오.

> The scientist conducted his own research in _____ so as not to be affected by external influences on the findings.

① destruction

② isolation

③ generation

④ temptation

12 밑줄 친 부분에 들어갈 말로 가장 적절한 것을 고르시오.

> In the United States, families hold a _____ every year on Thanksgiving, preparing various dishes including turkey and sharing stories together.

① outline

② disease

③ feast

④ vehicle

정답 및 해설 p.66

13 밑줄 친 부분에 들어갈 말로 가장 적절한 것을 고르시오.

They decided to sell their current _____ and move to a smaller apartment in the city.

① edge
② residence
③ discourse
④ particle

14 밑줄 친 부분에 들어갈 말로 가장 적절한 것을 고르시오.

Humans are classified as _____ because they give birth to live young and nurse them with milk.

① victims
② expenses
③ mammals
④ portraits

15 밑줄 친 부분에 들어갈 말로 가장 적절한 것을 고르시오.

Despite his young age, the performer surprised everyone in the audience by showing better _____ on the piano than adults.

① prowess
② environment
③ prejudice
④ wage

16 밑줄 친 부분에 들어갈 말로 가장 적절한 것을 고르시오.

Although puberty is a natural part of growing up, it can be a _____ time for many young people.

① fascinating
② confusing
③ outstanding
④ following

10

17 밑줄 친 부분에 들어갈 말로 가장 적절한 것을 고르시오.

> He was charged with _____ after attempting to influence the outcome of the election with illegal payments.

① privacy

② fellow

③ bribery

④ receipt

18 밑줄 친 부분에 들어갈 말로 가장 적절한 것을 고르시오.

> In many countries, _____ is seen as a major obstacle to achieving social justice and equality.

① concord

② proof

③ fortune

④ corruption

19 밑줄 친 부분에 들어갈 말로 가장 적절한 것을 고르시오.

> After winning re-election, the _____ promised to continue the affordable housing projects that were initiated during his previous term.

① republic

② mayor

③ grief

④ sphere

20 밑줄 친 부분에 들어갈 말로 가장 적절한 것을 고르시오.

> While many people _____ execution as punishment for the most serious crimes, some point out that it is unethical.

① duplicate

② pacify

③ overlap

④ advocate

정답 및 해설 p.67~68

어휘 실력 강화 연습문제 10회 REVIEW TEST

01

☐ compatible _____

☐ ancient _____

☐ dominant _____

☐ unemployed _____

02

☐ boundary _____

☐ overhaul _____

☐ ideology _____

☐ charity _____

03

☐ straightforward _____

☐ federal _____

☐ elegant _____

☐ laborious _____

04

☐ fallacy _____

☐ conscience _____

☐ industry _____

☐ sight _____

05

☐ solvency _____

☐ conversation _____

☐ instinct _____

☐ spectacle _____

06

☐ landscape _____

☐ monopoly _____

☐ council _____

☐ suburb _____

07

☐ longevity _____

☐ convention _____

☐ surgery _____

☐ luxury _____

08

☐ tenant _____

☐ merchant _____

☐ revision _____

☐ creature _____

10

정답 및 해설 p.69

09

☐ pleasure _____

☐ custody _____

☐ merit _____

☐ lethargy _____

10

☐ debris _____

☐ destiny _____

☐ monument _____

☐ vacuum _____

11

☐ destruction _____

☐ isolation _____

☐ generation _____

☐ temptation _____

12

☐ outline _____

☐ disease _____

☐ feast _____

☐ vehicle _____

13

☐ edge _____

☐ residence _____

☐ discourse _____

☐ particle _____

14

☐ victim _____

☐ expense _____

☐ mammal _____

☐ portrait _____

15

☐ prowess _____

☐ environment _____

☐ prejudice _____

☐ wage _____

16

☐ fascinating _____

☐ confusing _____

☐ outstanding _____

☐ following _____

정답 및 해설 p.70

17

- [ ] privacy _____
- [ ] fellow _____
- [ ] bribery _____
- [ ] receipt _____

18

- [ ] concord _____
- [ ] proof _____
- [ ] fortune _____
- [ ] corruption _____

19

- [ ] republic _____
- [ ] mayor _____
- [ ] grief _____
- [ ] sphere _____

20

- [ ] duplicate _____
- [ ] pacify _____
- [ ] overlap _____
- [ ] advocate _____

MEMO

MEMO

MEMO

진가영

주요 약력

現) 박문각 공무원 영어 온라인, 오프라인 대표교수
서강대학교 우수 졸업
서강대학교 영미어문 심화 전공
중등학교 정교사 2급 자격증
단기 공무원 영어 전문 강의(개인 운영)

주요 저서

New Trend 진가영 영어 단기합격 문법 All In One(박문각)
New Trend 진가영 영어 단기합격 독해 All In One(박문각)
New Trend 진가영 영어 단기합격 VOCA(박문각)
New Trend 진가영 영어 단판승 문법 적중 포인트 100(박문각)
New Trend 진가영 영어 반한다 기출 문법·어휘 & 생활영어(박문각)
New Trend 진가영 영어 반한다 기출 독해(박문각)
New Trend 진가영 영어 어휘끝판왕[어판왕](박문각)
New Trend 진가영 영어 독해끝판왕[독판왕](박문각)
New Trend 진가영 영어 문법끝판왕[문판왕](박문각)
진가영 영어 신독기 구문독해(박문각)
진가영 영어 신경향 어휘 마스터(박문각)
진가영 영어 신경향 독해 마스터 시즌1(박문각)
진가영 영어 신경향 독해 마스터 시즌2(박문각)
진가영 영어 진독기 구문독해 시즌1(박문각)
진가영 영어 단판승 생활영어 적중 70(박문각)
진가영 영어 하프 모의고사(박문각)
2024 박문각 공무원 봉투모의고사(박문각)

진가영 영어 ◇✦ 어휘 끝판왕

초판 인쇄 2024. 11. 11. | **초판 발행** 2024. 11. 15. | **편저자** 진가영

발행인 박 용 | **발행처** (주)박문각출판 | **등록** 2015년 4월 29일 제2019-000137호

주소 06654 서울시 서초구 효령로 283 서경 B/D 4층 | **팩스** (02)584-2927

전화 교재 문의 (02)6466-7202

저자와의
협의하에
인지생략

정가 14,000원
ISBN 979-11-7262-318-0

꿈은 이루어진다 ✿
Dreams come true!

★★★★★ 철도경찰직 합격, 영어 95점   이**

저는 공부 마무리를 교수님의 단판승 문법 킬포인트 1000이라는 강의로 했습니다. **잠깐 까먹었던 개념들이나 아직 살짝 헷갈렸던 개념들을 빠르게 정리하는 강의**였습니다. 마무리로 양을 늘리는 것이 아니라 아는 내용, **시험에 꼭 나오는 내용을 다시 한 번 꼼꼼히 짚고 넘어갈 수 있어 좋았습니다.** 또 마지막엔 안 그래도 짧은 단판승을 3시간으로 요약한 강의를 제공해 주셔서 시험 직전 마무리 공부에 정말 큰 도움을 받았습니다.

★★★★★ 충남 교행 수석 합격, 영어 100점   김**

매번 가영쌤이 고유명사처럼 Mr.판승을 애타게 부르짖으며 홍보하는 **존재감 넘치는 강의입니다.**
문법의 핵심 킬포인트를 반복하며 확실하게 내 것으로 만들 수 있도록 많은 노력을 기울여 주십니다. 기존에 확실히 배우고 넘어갔다 생각한 문법 포인트들도 어느 순간 기억 속에서 잘 안 꺼내지는 경우가 많은데 그런 상황을 해결하는 데 많은 도움을 줍니다. 더 확실하게 기억할 수 있게 매번 특강들을 통해서도 요점들을 반복하여 계속 언급해 주시기 때문에 수험생 입장에서는 **반복 회독하는 부분까지 그냥 떠먹여 주는 대로 받아먹으면 되는** 든든한 강의입니다.

★★★★★ 일반행정직 합격, 영어 95점   김**

가영쌤의 수업이 정말 좋았던 이유는 문법, 독해를 체계적으로 잘 가르쳐 주시고 매일매일 단어인증을 숙제로 내주셔서 의무감으로라도 단어를 꾸준히 외울 수 있도록 도와 주셨다는 점입니다!! 또, 엄청나게 지엽적인 문제들 위주로 가르쳐 주시기보다는 정말 시험에 나오는 것들, **출제 포인트를 딱 집어서 가르쳐 주셔서 시험장 가서도 '내가 어떤 출제 포인트에 집중하면 되겠다!'라는 부분을 알 수 있도록 도와 주셨습니다.** 가영쌤 400제, 동형, 단판승 정말 최고입니다!!! **이 세 개의 커리만 제대로 따라가도 충분히 고득점 가능하다고 생각합니다.**

★★★★★ 사회복지직 합격, 영어 95점   강**

선생님은 자칫 지루할 수 있는 **문법 수업을 정말 쉽고 재미있고 어려운 부분까지 정확하게 다루어 주셨습니다!** 선생님의 단판승 요약서를 보고 선생님의 문법 특강 강좌에 참여하면서 선생님과 호흡하는 재미있는 수업을 하였고, 수업이 끝난 후에는 **어느 순간 리틀 가영(?)이 되어 선생님이 알려준 재밌는 암기법과 챈트들로 재미있게 문법을 푸는 제 자신을 발견하게 되었습니다.** 단판승 요약서를 활용한 문법 강의를 진행하여 수험생들에게 문법에 대한 두려움을 없애고 중요한 내용을 토가 나올 정도로 반복하여 시험이 가까워질 때는 완벽에 가깝게 암기하여 적용을 원활하게 잘할 수 있도록 좋은 강의를 진행해 주셨습니다.

2025년
신경향(New Trend) ✦
정규 커리큘럼

합격을 위한
필수 과정

2025 출제 기조 전환 대비 단기합격 커리큘럼 영상

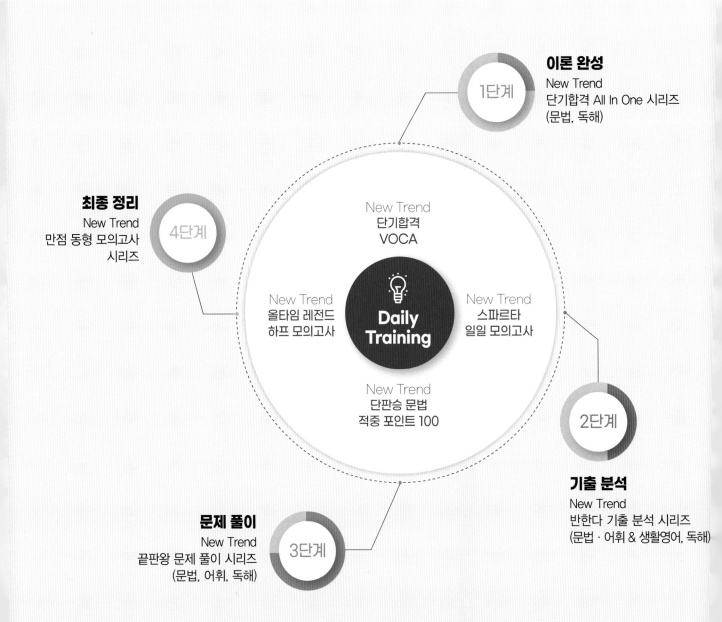

1단계

이론 완성
New Trend
단기합격 All In One 시리즈
(문법, 독해)

최종 정리
New Trend
만점 동형 모의고사
시리즈

4단계

New Trend
단기합격
VOCA

New Trend
올타임 레전드
하프 모의고사

Daily Training

New Trend
스파르타
일일 모의고사

New Trend
단판승 문법
적중 포인트 100

2단계

기출 분석
New Trend
반한다 기출 분석 시리즈
(문법 · 어휘 & 생활영어, 독해)

문제 풀이
New Trend
끝판왕 문제 풀이 시리즈
(문법, 어휘, 독해)

3단계

진가영
영어

진가영 편저

New Trend
단기합격 길라잡이

2025년 출제 기조 전환 대비

필수 어휘 예상 문제 수록

어휘
끝판왕 　정답 및 해설

박문각

애영수 강의 www.pmg.co.kr

9급 공무원 영어 시험대비

박문각
공무원

예상문제

진가영
영어

진가영 편저

New Trend
단기합격 길라잡이

2025년 출제 기조 전환 대비

필수 어휘 예상 문제 수록

어휘
끝판왕 정답 및 해설

동영상 강의 www.pmg.co.kr

Answer

01 ④	02 ④	03 ②	04 ④	05 ④
06 ②	07 ①	08 ③	09 ②	10 ③
11 ③	12 ④	13 ②	14 ①	15 ④
16 ④	17 ③	18 ③	19 ①	20 ③

01 정답 ④

지문 해석

공무원은 민감한 정보를 다룰 때 신중해야 하며, 승인되지 않은 사람이 기밀 정보에 접근하지 않도록 해야 한다.

선지 해석

① insipid 맛[풍미]이 없는, 재미없는
② equivocal 모호한, 애매한
③ erroneous 잘못된, 틀린
④ discreet 신중한, 분별 있는

정답 해설

민감한 정보를 다룰 때라는 문맥으로 보아 '신중해야' 한다는 내용이 자연스러우므로 빈칸에는 ④가 적절하다.

핵심 어휘

＊ equivocal ＝ ambiguous, unclear, vague, nebulous, obscure

02 정답 ④

지문 해석

정부 기관은 모든 환경 문제가 해결될 때까지 건설 계획을 승인하는 것을 거부했다.

선지 해석

① overlap 겹치다, 포개다
② esteem 존경[존중]하다, 존경
③ fascinate 매혹하다, 마음을 사로잡다
④ endorse 승인하다, 지지하다

정답 해설

환경 문제가 해결되기 전까지라는 문맥으로 보아 건설 계획 '승인하는' 것을 거부한다는 내용이 자연스러우므로 빈칸에는 ④가 적절하다.

핵심 어휘

＊ esteem ＝ respect

03 정답 ②

지문 해석

좋은 결과를 얻은 실험 연구를 포기하고 아직 검증되지 않은 실험 결과를 선택하기로 한 결정은 불합리한 것으로 보인다.

선지 해석

① thrifty 절약[검약]하는
② irrational 불합리한, 분별없는, 비이성적인
③ eligible 적격의, 적임의
④ reputable 평판이 좋은, 존경할 만한

정답 해설

좋은 결과의 연구를 포기하고 검증되지 않는 결과를 선택한다는 문맥으로 보아 '불합리한' 결정이라는 내용이 자연스러우므로 빈칸에는 ②가 적절하다.

핵심 어휘

＊ thrifty ＝ frugal, economical

04 정답 ④

지문 해석

프로젝트는 제때 완료되었지만 작업의 질이 회사의 기준을 충족하지 못해 모두가 만족하지 못했다.

선지 해석

① gullible 잘 속는, 속기 쉬운
② grown 다 큰, 성인이 된
③ upright 똑바른, 수직의, 정직한
④ satisfied 만족한

정답 해설

작업의 질이 기준을 충족하지 못한다는 문맥으로 보아 '만족하지' 않았다는 내용이 자연스러우므로 빈칸에는 ④가 적절하다.

핵심 어휘

＊ satisfied ＝ gratified, content, contented, complacent

05 정답 ④

지문 해석

법원은 더 엄격한 처벌 대신 재활 서비스를 제공함으로써 미성년자들 사이의 범죄를 해결하기 위한 새로운 정책을 시행했다.

선지 해석

① estate 사유지, 토지, 재산
② yardstick 기준, 척도
③ triumph 승리, 대성공
④ delinquency 범죄, 과실, 비행, 의무 불이행, 직무 태만

정답 해설

법원이 처벌 대신 재활을 제공한다는 문맥으로 보아 미성년자들의 '범죄'를 해결한다는 내용이 자연스러우므로 빈칸에는 ④가 적절하다.

핵심 어휘

＊ delinquency 범죄 ＝ crime, offense, misdeed, wrongdoing

06 정답 ②

지문 해석

청각 테스트를 실험한 결과 나이대별로 들을 수 있는 주파수가 정해져 있다는 것을 발견했다.

선지 해석

① calmness 침착, 냉정
② auditory 청각의, 귀의
③ discrepancy 불일치, 모순
④ gustatory 맛의, 미각의

정답 해설

들을 수 있는 주파수가 정해져 있다는 문맥으로 보아 '청각' 테스트 실험을 했다는 내용이 자연스러우므로 빈칸에는 ②가 적절하다.

핵심 어휘

＊ calmness 침착 ＝ composure

07 정답 ①

지문 해석

화재 후, 회사는 손상된 사무실 건물을 새로 꾸미는 데 몇 달을 보냈다.

선지 해석

① refurbish 새로 꾸미다, 개장하다
② enroll 등록하다, 입학하다, 입대하다
③ offset 상쇄하다, 벌충하다
④ incorporate 포함하다, 설립하다

정답 해설

화재 후 몇 달을 보냈다는 문맥으로 보아 손상된 사무실 건물을 '새로 꾸민다'는 내용이 자연스러우므로 빈칸에는 ①이 적절하다.

핵심 어휘

＊ refurbish ＝ revamp, renovate

08 정답 ③

지문 해석

그녀는 시험을 위해 밤낮으로 열심히 공부했지만, 그녀가 기대했던 성적을 얻지 못했다.

선지 해석

① affection 애착, 애정
② miner 광부, 채광[광산]업자
③ grade 성적, 등급, 학년, 등급을 나누다
④ paragraph 단락, 절

정답 해설

주어진 문장에 역접을 나타내는 접속사 but이 있으므로 열심히 공부했다는 내용과 반대되는 내용인 '성적'이 잘 나오지 않았다는 것이 자연스럽다. 따라서 빈칸에는 ③이 적절하다.

09 정답 ②

지문 해석

그 매뉴얼은 초보자를 위해 이해할 수 있는 구성 방식으로 단계별 지침을 제공한다.

선지 해석

① brittle 깨지기 쉬운
② comprehensible 이해할 수 있는
③ imprudent 경솔한, 조심성이 없는
④ apathetic 냉담한, 무관심한

정답 해설

초보자를 위해 단계별 지침을 제공한다는 문맥으로 보아 그 매뉴얼이 '이해할 수 있게' 구성되었다는 내용이 자연스러우므로 빈칸에는 ②가 적절하다.

핵심 어휘

＊ comprehensible ＝ intelligible, understandable

10 정답 ③

지문 해석

현재의 전쟁 상황을 고려할 때, 장군은 곧 증원군을 받지 못하면 항복할 수밖에 없을 것이라고 예상하고 있었다.

선지 해석

① fulfill 이행하다, 완료하다, 달성하다
② salvage 구조하다
③ yield 항복하다, 양보하다, 산출하다, 산출(량), 수확(량)
④ deduct 공제하다, 감하다

정답 해설

증원군을 받지 않으면이라는 문맥으로 보아 수적 열세로 '항복해야'한다는 내용이 자연스러우므로 빈칸에는 ③이 적절하다.

핵심 어휘

＊ vibrate ＝ shake, tremble, quiver

11 정답 ③

지문 해석

> 보안 요원들은 사건이 안전하게 종료될 때까지 적절한 방법을 사용하여 난동을 부리는 관중을 <u>제지하는</u> 데 성공했다.

선지 해석

① disperse 흩트리다, 퍼트리다
② captivate 매혹하다, 사로잡다
③ restrain 제지하다, 억제하다
④ extend 연장하다, 확대하다

정답 해설

보안 요원들이 적절한 방법을 사용한다는 문맥으로 보아 난동 부리는 관중을 '제지한다'는 내용이 자연스러우므로 빈칸에는 ③이 적절하다.

핵심 어휘

* disperse = diffuse, disseminate, spread
* restrain = curb, check, prevent, prohibit

12 정답 ④

지문 해석

> 모두가 자신에게 음모를 꾸미고 있다는 그녀의 지속적인 <u>착각</u>은 그녀가 다른 사람들을 신뢰하는 데 어려움을 주었다.

선지 해석

① peninsula 반도
② surplus 과잉, 여분, 흑자
③ rescue 구출, 구조, 구하다, 구출하다
④ delusion 망상, 착각

정답 해설

사람을 신뢰하는 데 어려움을 겪는다는 문맥으로 보아 그녀는 모두가 자신에게 음모를 꾸민다는 '착각'을 하고 있다는 내용이 자연스러우므로 빈칸에는 ④가 적절하다.

13 정답 ②

지문 해석

> 날씨 예보에서 폭우를 예고했기 때문에 야외 행사를 <u>연기하기로</u> 결정했다.

선지 해석

① purchase 구입하다, 구입
② postpone 연기하다, 미루다
③ pioneer 개척하다, 개척자, 선구자
④ protect 보호하다

정답 해설

폭우가 예고되었다는 문맥으로 보아 야외 행사는 '연기한다'는 내용이 자연스러우므로 빈칸에는 ②가 적절하다.

핵심 어휘

* postpone = delay, suspend, defer, shelve, put off, hold off, hold over

14 정답 ①

지문 해석

> 빛의 속도와 같은 몇몇 자연 법칙은 <u>불변</u>으로 간주되며, 수세기 동안 변하지 않았다.

선지 해석

① immutable 불변의
② patient 참을성 있는, 환자
③ empty 비어 있는, 비우다
④ scarce 부족한, 드문

정답 해설

수세기 동안 변하지 않았다는 문맥으로 보아 자연 법칙은 '불변'으로 간주된다는 내용이 자연스러우므로 빈칸에는 ①이 적절하다.

핵심 어휘

* immutable = unchanging, unchangeable, unalterable

15 정답 ④

지문 해석

> 현재 진행되고 있는 새로운 마케팅 전략의 효과를 정확하게 파악하기 위해서는 우리는 그것을 이전 전략과 <u>비교할</u> 필요가 있다.

선지 해석

① omit 생략하다, 제외하다
② starve 굶주리다, 굶기다
③ astonish (깜짝) 놀라게 하다
④ compare 비교하다

정답 해설

현재 진행하고 있는 마케팅 효과를 정확하게 파악한다는 문맥으로 보아 이전 전략과 '비교한다'는 내용이 자연스러우므로 빈칸에는 ④가 적절하다.

핵심 어휘

* astonish = surprise, amaze, startle

16 정답 ④

지문 해석

> 날씨 예보는 맑은 하늘을 예측했으나, 그날은 예측과 다르게 하루 종일 비가 내렸다.

선지 해석

① monotonous 단조로운, 변화 없는, 지루한
② indifferent 무관심한, 공평한
③ conservative 보수적인
④ clear 맑은, 분명한

정답 해설

주어진 문장에 역접을 나타내는 접속부사 however가 있으므로 하루 종일 비가 내렸다는 내용과 반대되는 내용인 날씨 예보는 '맑은' 하늘을 예측했다는 것이 자연스럽다. 따라서 빈칸에는 ④가 적절하다.

17 정답 ③

지문 해석

원고는 피고의 비밀 누설로 인해 발생한 재정적 손실에 대한 배상을 청구하려고 <u>소송</u>을 진행하기로 했다.

선지 해석

① merit 훌륭함, 장점
② livelihood 생계 (수단)
③ suit 소송, 의복, 슈트, 맞다, 적합하다
④ liberty 자유

정답 해설

원고와 피고라는 어휘와 배상을 청구하려고 했다는 문맥으로 보아 '소송'을 진행하기로 했다는 내용이 자연스러우므로 빈칸에는 ③이 적절하다.

18 정답 ③

지문 해석

한때 번영했던 이 도시는 개인적인 이익을 위해 권력을 남용한 <u>부패한</u> 관리들로 인해 오명을 썼다.

선지 해석

① brilliant 훌륭한, 뛰어난
② reputable 평판이 좋은, 존경할 만한
③ corrupt 부패한, 타락한, 타락시키다
④ confident 자신 있는, 확신하는

정답 해설

권력을 남용한 관리들로 그 도시는 오명을 썼다는 문맥으로 보아 '부패한' 관리들이라는 내용이 자연스러우므로 빈칸에는 ③이 적절하다.

핵심 어휘

＊ reputable 존경할 만한 ＝ respectable

19 정답 ①

지문 해석

당신이 구매한 티켓은 발행일로부터 1년 동안만 <u>유효하기</u> 때문에 그 이후로는 사용할 수 없다.

선지 해석

① valid 유효한, 타당한
② cynical 냉소적인, 부정적인
③ dense 밀집한, 빽빽한
④ fierce 사나운, 격렬한, 극심한

정답 해설

구매한 티켓이 그 이후로 사용할 수 없다는 문맥으로 보아 그 티켓은 1년 동안만 '유효하다'는 내용이 자연스러우므로 빈칸에는 ①이 적절하다.

20 정답 ③

지문 해석

그녀의 보고서의 첫 원고는 오류가 조금 많았지만, <u>철저한</u> 검토 후에 보고서를 제출하기 전에는 오류를 모두 제거할 수 있었다.

선지 해석

① awkward 어색한, 곤란한, 불편한
② clumsy 어설픈, 서투른, 다루기 힘든
③ thorough 철저한, 빈틈없는
④ obscure 모호한, 잘 알려지지 않은, 모호하게 하다

정답 해설

주어진 문장에 역접을 나타내는 접속사 but이 있으므로 첫 원고에는 오류가 조금 많았다는 내용과 반대되는 내용인 '철저한' 검토 후에 오류를 모두 제거할 수 있었다는 것이 자연스럽다. 따라서 빈칸에는 ③이 적절하다.

어휘 실력 강화 연습문제 01회 REVIEW TEST 👍

01

▦	insipid	맛[풍미]이 없는, 재미없는
▦	equivocal	모호한, 애매한
▦	erroneous	잘못된, 틀린
▦	discreet	신중한, 분별 있는

02

▦	overlap	겹치다, 포개다
▦	esteem	존경[존중]하다, 존경
▦	fascinate	매혹하다, 마음을 사로잡다
▦	endorse	승인하다, 지지하다

03

▦	thrifty	절약[검약]하는
▦	irrational	불합리한, 분별없는, 비이성적인
▦	eligible	적격의, 적임의
▦	reputable	평판이 좋은, 존경할 만한

04

▦	gullible	잘 속는, 속기 쉬운
▦	grown	다 큰, 성인이 된
▦	upright	똑바른, 수직의, 정직한
▦	satisfied	만족한

05

▦	estate	사유지, 토지, 재산
▦	yardstick	기준, 척도
▦	triumph	승리, 대성공
▦	delinquency	범죄, 과실, 비행, 의무 불이행, 직무 태만

06

▦	calmness	침착, 냉정
▦	auditory	청각의, 귀의
▦	discrepancy	불일치, 모순
▦	gustatory	맛의, 미각의

07

▦	refurbish	새로 꾸미다, 개장하다
▦	enroll	등록하다, 입학하다, 입대하다
▦	offset	상쇄하다, 벌충하다
▦	incorporate	포함하다, 설립하다

08

▦	affection	애착, 애정
▦	miner	광부, 채광[광산]업자
▦	grade	성적, 등급, 학년, 등급을 나누다
▦	paragraph	단락, 절

09

■	brittle	깨지기 쉬운
■	comprehensible	이해할 수 있는
■	imprudent	경솔한, 조심성이 없는
■	apathetic	냉담한, 무관심한

10

■	fulfill	이행하다, 완료하다, 달성하다
■	salvage	구조하다
■	yield	항복하다, 양보하다, 산출하다, 산출(량), 수확(량)
■	deduct	공제하다, 감하다

11

■	disperse	흩트리다, 퍼트리다
■	captivate	매혹하다, 사로잡다
■	restrain	제지하다, 억제하다
■	extend	연장하다, 확대하다

12

■	peninsula	반도
■	surplus	과잉, 여분, 흑자
■	rescue	구출, 구조, 구하다, 구출하다
■	delusion	망상, 착각

13

■	purchase	구입하다, 구입
■	postpone	연기하다, 미루다
■	pioneer	개척하다, 개척자, 선구자
■	protect	보호하다

14

■	immutable	불변의
■	patient	참을성 있는, 환자
■	empty	비어 있는, 비우다
■	scarce	부족한, 드문

15

■	omit	생략하다, 제외하다
■	starve	굶주리다, 굶기다
■	astonish	(깜짝) 놀라게 하다
■	compare	비교하다

16

■	monotonous	단조로운, 변화 없는, 지루한
■	indifferent	무관심한, 공평한
■	conservative	보수적인
■	clear	맑은, 분명한

17

■ merit　　　　　훌륭함, 장점

■ livelihood　　　생계 (수단)

■ suit　　　　　소송, 의복, 슈트, 맞다, 적합하다

■ liberty　　　　자유

18

■ brilliant　　　　훌륭한, 뛰어난

■ reputable　　　평판이 좋은, 존경할 만한

■ corrupt　　　　부패한, 타락한, 타락시키다

■ confident　　　자신 있는, 확신하는

19

■ valid　　　　　유효한, 타당한

■ cynical　　　　냉소적인, 부정적인

■ dense　　　　　밀집한, 빽빽한

■ fierce　　　　　사나운, 격렬한, 극심한

20

■ awkward　　　　어색한, 곤란한, 불편한

■ clumsy　　　　어설픈, 서투른, 다루기 힘든

■ thorough　　　철저한, 빈틈없는

■ obscure　　　　모호한, 잘 알려지지 않은, 모호하게 하다

어휘 실력 강화 연습문제 정답 및 해설

Answer

01 ④	02 ③	03 ①	04 ②	05 ④
06 ②	07 ④	08 ①	09 ②	10 ①
11 ④	12 ①	13 ③	14 ②	15 ④
16 ③	17 ②	18 ③	19 ①	20 ④

01 정답 ④

지문 해석

유기된 동물에 대한 그녀의 <u>동정심</u> 덕분에 그녀는 주말마다 지역 동물 보호소에서 자원봉사를 하게 되었다.

선지 해석

① sentence 문장, 선고, 선고하다
② stuff 물건, 것, 채우다
③ surgery 수술
④ sympathy 동정, 연민, 공감

정답 해설

주말마다 동물 보호소에서 자원봉사를 한다는 문맥으로 보아 유기된 동물에게 '동정심'을 느낀다는 내용이 자연스러우므로 빈칸에는 ④가 적절하다.

핵심 어휘

* sympathy 동정, 연민 = compassion

02 정답 ③

지문 해석

모든 직원들은 회의에서 항상 요점을 말하는 <u>간결한</u> 방식으로 내용을 전달하는 상사를 칭찬했다.

선지 해석

① precocious 조숙한, 어른스러운
② inverted 역의, 반대의
③ brief 간결한, 짧은 (시간의)
④ naughty 장난꾸러기의, 버릇없는, 말을 듣지 않는

정답 해설

회의에서 항상 요점을 말한다는 문맥으로 보아 내용을 '간결한' 방식으로 전달한다는 내용이 자연스러우므로 빈칸에는 ③이 적절하다.

핵심 어휘

* brief = laconic, concise, terse, succinct

03 정답 ①

지문 해석

협상은 어느 쪽도 주요 쟁점에 대해 타협할 의사가 없어서 <u>교착 상태</u>에 빠졌다.

선지 해석

① deadlock 교착 상태, 막다름
② appetite 식욕, 욕구
③ widow 미망인, 과부
④ approval 인정, 승인, 찬성

정답 해설

어느 쪽도 타협할 의사가 없다는 문맥으로 보아 협상은 '교착 상태'에 빠졌다는 내용이 자연스러우므로 빈칸에는 ①이 적절하다.

핵심 어휘

* approval 승인 = sanction

04 정답 ②

지문 해석

진행하지 말라는 전문가들의 조언에도 불구하고 그녀는 위험한 벤처 사업을 추구하기로 한 <u>고집 센</u> 결정을 포기하지 않았다.

선지 해석

① sedentary 앉아 있는, 활발하지 않은
② stubborn 고집 센, 완고한
③ potable 휴대용의, 간편한
④ intelligent 총명한, 지능이 있는

정답 해설

주어진 문장에 역접을 나타내는 전치사 in spite of가 있으므로 진행하지 말라는 내용과 반대되는 내용인 그녀는 포기하지 않고 그 결정을 '고집했다'라는 것이 자연스럽다. 따라서 빈칸에는 ②가 적절하다.

핵심 어휘

* stubborn = inflexible, persistent, obstinate, tenacious

05 정답 ④

지문 해석

새로운 언어를 배우고자 하는 그녀의 <u>갈망</u>은 매일 밤늦게까지 공부하게 만들었다.

선지 해석

① expenditure 지출, 비용
② vessel 선박, 배, 그릇
③ tedium 지루함, 싫증남
④ eagerness 열망, 갈망, 열심

매일 늦게까지 공부했다는 문맥으로 보아 새로운 언어를 배우고자 하는 그녀의 '갈망'이 있었다는 내용이 자연스러우므로 빈칸에는 ④가 적절하다.

핵심 어휘

* eagerness = enthusiasm, avidity, passion, desire, longing, yearning

06 정답 ②

지문 해석

> 배신으로 인한 감정적 상처는 칼에 찔린 상처보다 치유되는 데 오랜 시간이 걸렸다.

선지 해석

① surface 표면, 나타나다
② wound 상처, 부상, 상처를 입히다
③ pupil 학생, 제자, 눈동자, 동공
④ outline 개요, 윤곽

정답 해설

배신이라는 문맥으로 보아 감정적인 '상처'라는 내용이 자연스러우므로 빈칸에는 ②가 적절하다.

07 정답 ④

지문 해석

> 의사는 담당하는 환자가 긴급한 수술이 필요하다고 판단하여 즉시 수술 일정을 잡았다.

선지 해석

① false 틀린, 거짓의
② intimate 친밀한, 사적인
③ useless 소용없는, 쓸모없는
④ urgent 긴급한

정답 해설

즉시 수술 일정을 잡았다는 문맥으로 보아 담당 의사는 환자가 '긴급한' 수술이 필요하다고 판단했다는 내용이 자연스러우므로 빈칸에는 ④가 적절하다.

핵심 어휘

* false = fake, forged, fraudulent, fabricated, counterfeit, bogus, spurious

08 정답 ①

지문 해석

> 현재 재정적으로 어려움을 겪고 있음에도 불구하고 그는 다양한 자선 활동에 정기적으로 기부하며 이타적인 정신을 지속적으로 보여주었다.

선지 해석

① altruistic 이타적인
② arrogant 거만한
③ negligible 무시해도 될 정도의, 사소한, 하찮은
④ diffident 자신이 없는, 내성적인, 소심한

정답 해설

주어진 문장에 역접을 나타내는 전치사 despite가 있으므로 재정적인 어려움을 겪고 있다는 내용과 반대되는 내용인 그는 '이타적인' 정신을 보여주었다는 것이 자연스럽다. 따라서 빈칸에는 ①이 적절하다.

핵심 어휘

* altruistic = unselfish
* arrogant = haughty, pompous, patronizing, condescending, supercilious

09 정답 ②

지문 해석

> 위성에 신호 간섭이 발생하여 일시적으로 통신이 끊겼다.

선지 해석

① merger 합동, 합병
② interference 간섭, 참견
③ humility 겸손
④ antidote 해독제, 해결책

정답 해설

일시적으로 통신이 끊겼다는 문맥으로 보아 위성 신호 '간섭'이 발생했다는 내용이 자연스러우므로 빈칸에는 ②가 적절하다.

핵심 어휘

* humility = modesty

10 정답 ①

지문 해석

> 그는 그 문제에 대해 공개적으로 말할 준비가 아직 되지 않았다며 인터뷰 요청을 정중하게 거절했다.

선지 해석

① decline 거절하다, 감소하다
② tempt 유혹하다, 유도하다
③ embrace 받아들이다, 포옹하다, 포괄하다
④ adopt 채택하다, 입양하다

정답 해설

아직 말할 준비가 되지 않았다는 문맥으로 보아 인터뷰 요청을 '거절했다'는 내용이 자연스러우므로 빈칸에는 ①이 적절하다.

핵심 어휘

* tempt = attract, lure, entice, allure, charm

11 **정답** ④

지문 해석

치명적인 바이러스는 전 세계로 빠르게 퍼졌으며, 이미 수백만 명의 목숨을 앗아갔고, 여전히 사람들의 목숨을 위협하고 있다.

선지 해석

① excavate 파다, 발굴하다
② complement 보완하다, 보충하다
③ imitate 모방하다, 흉내 내다
④ claim (목숨을) 앗아가다, 주장하다, 주장

정답 해설

치명적인 바이러스가 여전히 사람들의 목숨을 위협하고 있다는 문맥으로 보아 이미 많은 사람들의 '목숨을 앗아갔다'는 내용이 자연스러우므로 빈칸에는 ④가 적절하다.

핵심 어휘

＊ complement ＝ supplement

12 **정답** ①

지문 해석

회사는 더 많은 고객을 수용하기 위해 사무실 운영 시간을 연장할 계획이었지만, 직원 부족으로 이를 실현하기 어려웠다.

선지 해석

① lack 부족, 결핍, ~이 없다, 부족하다
② resume 이력서, 재개하다[되다], 다시 시작하다[되다]
③ nomination 지명, 추천, 임명
④ capability 능력, 역량

정답 해설

주어진 문장에 역접을 나타내는 접속사 yet이 있으므로 사무실 운영 시간을 연장 못한 이유의 내용인 직원의 수가 '부족'했다는 것이 자연스럽다. 따라서 빈칸에는 ①이 적절하다.

13 **정답** ③

지문 해석

기술자는 새 기기를 처음 사용하기 전에 배터리를 최소 4시간 동안 충전하여 사용하도록 알려 줬다.

선지 해석

① limit 제한하다
② guarantee 보장하다
③ charge 충전하다, 책임을 맡기다, 비난하다, 청구하다
④ freeze 얼다, 얼리다

정답 해설

새 기기를 사용하기 전에라는 문맥으로 보아 배터리를 '충전해야' 한다는 내용이 자연스러우므로 빈칸에는 ③이 적절하다.

14 **정답** ②

지문 해석

그는 무리한 작업 일정 때문에 피곤해 보였고, 그의 눈은 충혈되어 있으며 그는 진이 다 빠진 것 같았다.

선지 해석

① polite 예의 바른, 공손한
② weary (몹시) 지친, 피곤한, 싫증난
③ neat 정돈된, 깔끔한
④ generous 후한, 너그러운

정답 해설

그의 눈이 충혈되었고 그가 진이 다 빠진 것 같았다는 문맥으로 보아 그는 무리한 작업 일정으로 '피곤해'보였다는 내용이 자연스러우므로 빈칸에는 ②가 적절하다.

핵심 어휘

＊ weary (몹시) 지친, 피곤한 ＝ tired, exhausted, drained

15 **정답** ④

지문 해석

그녀는 기밀 정보가 절대 유출되지 않도록 신중한 접근 방식을 취해 달라는 요청을 받았다.

선지 해석

① furious 몹시 화난, 맹렬한
② fertile 비옥한, 풍부한, 생식력 있는
③ awkward 어색한, 서투른
④ confidential 기밀의, 비밀의, 은밀한, 신뢰할 수 있는

정답 해설

정보에 접근할 때는 신중하게 해야 한다는 문맥으로 보아 '기밀' 정보라는 내용이 자연스러우므로 빈칸에는 ④가 적절하다.

핵심 어휘

＊ discreet 신중한 ＝ careful, circumspect, cautious, wary

16 **정답** ③

지문 해석

그것은 먹음직스럽고 무해해 보이긴 하지만, 그 버섯은 실제로 매우 독성이 강하므로 조심해서 채취해야 한다.

선지 해석

① infantile 어린애 같은, 유치한
② reticent 말이 없는, 과묵한
③ innocuous 무해한, 악의 없는
④ deliberate 고의의, 의도적인, 신중한, 숙고하다

정답 해설

주어진 문장에 역접을 나타내는 접속사 although가 있으므로 그 버섯이 매우 독성이 강하다는 내용과 반대되는 내용인 먹음직스럽고 '무해해' 보인다는 것이 자연스럽다. 따라서 빈칸에는 ③이 적절하다.

핵심 어휘

＊ reticent ＝ reserved, taciturn, uncommunicative

17 정답 ②

지문 해석

바이러스 감염의 확산을 방지하기 위해 병원의 위생 상태를 철저히 확인하고 관리하고 있다.

선지 해석

① aerial 공중의, 대기의, 항공기에 의한
② sanitary 위생의, 위생적인, 깨끗한
③ liquid 액체의, 액상의
④ furtive 은밀한, 엉큼한

정답 해설

바이러스 감염의 확산을 방지한다는 문맥으로 보아 병원의 '위생' 상태를 철저하게 관리해야 한다는 내용이 자연스러우므로 빈칸에는 ②가 적절하다.

핵심 어휘

＊ sanitary ＝ hygienic

18 정답 ③

지문 해석

재난 발생 시 의료 팀은 부상자들의 상태가 경미한지, 중간인지, 심각한지 바로 판단하기 위해 증상을 세세하게 분류할 수 있도록 메뉴얼을 만들었다.

선지 해석

① emigrate 이민을 가다, 이주하다
② embezzle 횡령하다
③ classify 분류하다, 구분하다
④ flatter 아첨하다

정답 해설

재난에 대비한다는 문맥으로 보아 부상자들의 증상 강도를 세세하게 '분류할' 수 있게 메뉴얼을 만들었다는 내용이 자연스러우므로 빈칸에는 ③이 적절하다.

핵심 어휘

＊ flatter ＝ play up to, make up to, butter up

19 정답 ①

지문 해석

경찰관들은 여러 명의 용의자를 경찰서로 불러 심문하고 강도 사건에 대한 정보를 수집했다.

선지 해석

① interrogate 심문하다, 질문하다
② fluctuate 변동하다, 오르내리다
③ advocate 지지하다, 옹호하다
④ plagiarize 표절하다

정답 해설

경찰관들이 강도 사건에 대한 정보를 수집한다는 문맥으로 보아 용의자를 '심문한다'는 내용이 자연스러우므로 빈칸에는 ①이 적절하다.

핵심 어휘

＊ interrogate ＝ question

20 정답 ④

지문 해석

1심은 유죄 판결을 받았지만, 2심에서 무죄를 입증하는 새로운 증거가 나오면서 1심 결과는 무효화되었다.

선지 해석

① decipher 판독[해독]하다
② depict 묘사하다, 그리다
③ acknowledge 인정하다, 감사하다
④ nullify 무효화하다, 취소하다

정답 해설

주어진 문장에 역접을 나타내는 접속사 but이 있으므로 1심에서 유죄 판결을 받았다는 내용과 반대되는 내용인 1심 결과가 '무효화되었다'라는 것이 자연스럽다. 따라서 빈칸에는 ④가 적절하다.

핵심 어휘

＊ nullify ＝ annul, repeal, rescind, revoke, invalidate, negate

어휘 실력 강화 연습문제 02회 REVIEW TEST

01

▦	sentence	문장, 선고, 선고하다
▦	stuff	물건, 것, 채우다
▦	surgery	수술
▦	sympathy	동정, 연민, 공감

02

▦	precocious	조숙한, 어른스러운
▦	inverted	역의, 반대의
▦	brief	간결한, 짧은 (시간의)
▦	naughty	장난꾸러기의, 버릇없는, 말을 듣지 않는

03

▦	deadlock	교착 상태, 막다름
▦	appetite	식욕, 욕구
▦	widow	미망인, 과부
▦	approval	인정, 승인, 찬성

04

▦	sedentary	앉아 있는, 활발하지 않은
▦	stubborn	고집 센, 완고한
▦	potable	휴대용의, 간편한
▦	intelligent	총명한, 지능이 있는

05

▦	expenditure	지출, 비용
▦	vessel	선박, 배, 그릇
▦	tedium	지루함, 싫증남
▦	ergerness	열망, 갈망, 열심

06

▦	surface	표면, 나타나다
▦	wound	상처, 부상, 상처를 입히다
▦	pupil	학생, 제자, 눈동자, 동공
▦	outline	개요, 윤곽

07

▦	false	틀린, 거짓의
▦	intimate	친밀한, 사적인
▦	useless	소용없는, 쓸모없는
▦	urgent	긴급한

08

▦	altruistic	이타적인
▦	arrogant	거만한
▦	negligible	무시해도 될 정도의, 사소한, 하찮은
▦	diffident	자신이 없는, 내성적인, 소심한

09

▧	merger	합동, 합병
▧	interference	간섭, 참견
▧	humility	겸손
▧	antidote	해독제, 해결책

10

▧	decline	거절하다, 감소하다
▧	tempt	유혹하다, 유도하다
▧	embrace	받아들이다, 포옹하다, 포괄하다
▧	adopt	채택하다, 입양하다

11

▧	excavate	파다, 발굴하다
▧	complement	보완하다, 보충하다
▧	imitate	모방하다, 흉내 내다
▧	claim	(목숨을) 앗아가다, 주장하다, 주장

12

▧	lack	부족, 결핍, ~이 없다, 부족하다
▧	resume	이력서, 재개하다[되다], 다시 시작하다[되다]
▧	nomination	지명, 추천, 임명
▧	capability	능력, 역량

13

▧	limit	제한하다
▧	guarantee	보장하다
▧	charge	충전하다, 책임을 맡기다, 비난하다, 청구하다
▧	freeze	얼다, 얼리다

14

▧	polite	예의 바른, 공손한
▧	weary	(몹시) 지친, 피곤한, 싫증난
▧	neat	정돈된, 깔끔한
▧	generous	후한, 너그러운

15

▧	furious	몹시 화난, 맹렬한
▧	fertile	비옥한, 풍부한, 생식력 있는
▧	awkward	어색한, 서투른
▧	confidential	기밀의, 비밀의, 은밀한, 신뢰할 수 있는

16

▧	infantile	어린애 같은, 유치한
▧	reticent	말이 없는, 과묵한
▧	innocuous	무해한, 악의 없는
▧	deliberate	고의의, 의도적인, 신중한, 숙고하다

17

■	aerial	공중의, 대기의, 항공기에 의한
■	sanitary	위생의, 위생적인, 깨끗한
■	liquid	액체의, 액상의
■	furtive	은밀한, 엉큼한

18

■	emigrate	이민을 가다, 이주하다
■	embezzle	횡령하다
■	classify	분류하다, 구분하다
■	flatter	아첨하다

19

■	interrogate	심문하다, 질문하다
■	fluctuate	변동하다, 오르내리다
■	advocate	지지하다, 옹호하다
■	plagiarize	표절하다

20

■	decipher	판독[해독]하다
■	depict	묘사하다, 그리다
■	acknowledge	인정하다, 감사하다
■	nullify	무효화하다, 취소하다

어휘 실력 강화 연습문제 정답 및 해설

Answer

01 ④	**02** ②	**03** ③	**04** ②	**05** ④
06 ①	**07** ③	**08** ①	**09** ④	**10** ④
11 ③	**12** ②	**13** ①	**14** ①	**15** ③
16 ②	**17** ④	**18** ①	**19** ②	**20** ①

01 정답 ④

지문 해석

어려운 시기에 그녀의 보살핌은 값을 매길 수 없었고, 남들이 다 외면할 때 그녀만이 나를 옆에서 지켜줬다.

선지 해석

① incensed 몹시 화난, 격분한
② unreliable 믿을[신뢰할] 수 없는
③ scornful 경멸[멸시]하는
④ priceless 값을 매길 수 없는, 대단히 귀중한

정답 해설

남들이 다 외면하는 어려운 시기에 그녀만이 옆에서 지켜줬다는 문맥으로 보아 그녀의 보살핌은 '값을 매길 수 없을' 정도로 귀중하다는 내용이 자연스러우므로 빈칸에는 ④가 적절하다.

핵심 어휘

＊ priceless = valuable, invaluable, precious

02 정답 ②

지문 해석

그 동네의 유일한 편의점은 주변에 편의점들이 계속 생겨남에 따라 수익이 크게 감소했다.

선지 해석

① surrogate 대리인
② diminution 축소, 감소
③ sentry 보초, 감시
④ perjury 위증(죄)

정답 해설

주변에 편의점들이 계속 생겨났다는 문맥으로 보아 유일했던 편의점의 수익이 크게 '감소했다'는 내용이 자연스러우므로 빈칸에는 ②가 적절하다.

03 정답 ③

지문 해석

아이들이 한약을 마시기에는 너무 써서, 아이들은 마신 후 한약의 맛을 없애기 위해 바로 달콤한 사탕을 먹어야 했다.

선지 해석

① cheap 싼, 돈이 적게 드는
② facetious 익살스러운, 우스운, 경박한
③ bitter 쓴, 신랄한
④ feminine 여성스러운, 여성의

정답 해설

한약을 마시고 달콤한 사탕을 먹어야 했다는 문맥으로 보아 그 한약은 아이들이 마시기에는 너무 '쓰다'는 내용이 자연스러우므로 빈칸에는 ③이 적절하다.

핵심 어휘

＊ facetious = flippant, frivolous, superficial, shallow

04 정답 ②

지문 해석

신뢰성을 제공한다고 했지만, 그 웹사이트는 사용자들을 속이기 위한 가짜의 정보들로만 가득 차 있었다.

선지 해석

① virtuous 덕이 있는, 덕이 높은, 고결한
② spurious 가짜의, 위조의
③ blithe 유쾌한, 즐거운, 명랑한
④ trustworthy 신뢰할[믿을] 수 있는

정답 해설

주어진 문장에 역접을 나타내는 접속사 although가 있으므로 그 웹사이트가 신뢰성을 제공한다는 내용과 반대되는 내용인 사용자들을 속이기 위한 '가짜의' 정보들로 가득 찼다는 것이 자연스럽다. 따라서 빈칸에는 ②가 적절하다.

핵심 어휘

＊ spurious = fake, false, forged, fraudulent, fabricated, counterfeit, bogus

05 정답 ④

지문 해석

강한 지진이 발생했고 건물은 크게 흔들리면서 벽이 서서히 갈라지기 시작했다.

선지 해석

① present 증정하다, 제시하다
② contend 주장하다, 논쟁하다, 다투다
③ capitulate 굴복하다, 항복하다
④ crack 갈라지다, 깨지다

정답 해설

강한 지진이 발생했다는 문맥으로 보아 건물의 벽이 서서히 '갈라지고 있다'는 내용이 자연스러우므로 빈칸에는 ④가 적절하다.

핵심 어휘

＊ capitulate = surrender, yield

06 정답 ①

지문 해석

치과의사는 콜라를 너무 많이 마시면 충치가 생기고 그것을 계속 방치하면 치아가 썩는다고 경고했다.

선지 해석

① decay 썩다, 부패하다, 부패시키다
② excuse 용서하다, 변명하다
③ adduce 제시하다, 인용하다
④ repudiate 거부하다, 부인하다

정답 해설

콜라를 많이 마시면 충치가 생기고 그것을 계속 방치한다는 문맥으로 보아 치아가 '썩는다'는 내용이 자연스러우므로 빈칸에는 ①이 적절하다.

07 정답 ③

지문 해석

상대방에게 조언을 해줄 때는 단순히 결함을 지적하기보다는 해결책을 제시하여 건설적으로 비평하는 것이 중요하다.

선지 해석

① soak 담그다, 흡수하다
② glean 줍다, 수집하다
③ criticize 비평하다, 비난하다
④ plunder 약탈[강탈]하다, 빼앗다

정답 해설

조언을 할 때라는 문맥으로 보아 해결책을 제시하면서 건설적으로 '비평하는' 것이 중요하다는 내용이 자연스러우므로 빈칸에는 ③이 적절하다.

핵심 어휘

* criticize = censure, denounce, condemn, find fault with

08 정답 ①

지문 해석

그 기계는 구식으로 평가되었지만, 그 견고한 디자인 덕분에 여전히 내구성이 뛰어나고 일부 산업에서 유용하게 사용되었다.

선지 해석

① obsolete 구식의, 쇠퇴한, 쓸모없는
② palatable 맛이 좋은, 입에 맞는
③ anguished 괴로워하는, 고뇌에 찬
④ eloquent 웅변의, 유창한

정답 해설

주어진 문장에 역접을 나타내는 접속부사 nonetheless가 있으므로 여전히 내구성이 뛰어나고 유용하게 사용된다는 내용과 반대되는 내용인 그 기계는 '구식으로' 평가된다는 것이 자연스럽다. 따라서 빈칸에는 ①이 적절하다.

핵심 어휘

* obsolete = outdated, outmoded, old-fashioned, out of fashion, out of date

09 정답 ④

지문 해석

수업 중에 교사에게 무례한 행동을 하는 학생은 학교로부터 징계 조치를 받아야 한다.

선지 해석

① formal 격식을 차린, 공식적인, 형식적인
② salutary 유익한, 효과가 좋은
③ courteous 공손한, 정중한
④ impudent 무례한, 버릇없는

정답 해설

학교로부터 징계를 받아야 한다는 문맥으로 보아 교사에게 '무례하게' 행동했다는 내용이 자연스러우므로 빈칸에는 ④가 적절하다.

핵심 어휘

* impudent = presumptuous, obtrusive, insolent, impolite, rude, discourteous

10 정답 ④

지문 해석

생후 1년도 채 되지 않은 아기를 혼자 두는 것은 부모로서 매우 무책임하며, 어떤 일이 일어날지 아무도 모른다.

선지 해석

① reassuring 안심시키는, 위안을 주는
② valiant 용감한, 씩씩한
③ propitious 좋은, 유리한
④ irresponsible 무책임한

정답 해설

생후 1년도 되지 않는 아기를 혼자 둔다라는 문맥으로 보아 부모로서 '무책임하게' 행동했다는 내용이 자연스러우므로 빈칸에는 ④가 적절하다.

핵심 어휘

* valiant = intrepid, brave, bold, courageous, daring, fearless, audacious, gallant, plucky

11 정답 ③

지문 해석

그녀의 얼굴은 한쪽 눈썹이 다른 쪽 눈썹보다 높은 비대칭적인 외모를 가지고 있어 독특한 느낌을 주었다.

선지 해석

① desiccated 건조한, 분말의, 생기가 없는
② eligible 적격의, 적임의
③ asymmetrical 비대칭의, 균형이 잡히지 않은
④ chronic 만성적인, 장기간에 걸친

정답 해설

그녀의 얼굴이 독특한 느낌을 준다는 문맥으로 보아 '비대칭적인' 외모를 가지고 있다는 내용이 자연스러우므로 빈칸에는 ③이 적절하다.

12 정답 ②

지문 해석

정부는 오염 수준을 <u>줄이기</u> 위한 조치를 취했지만, 일부 지역의 공기 질은 계속해서 악화되었다.

선지 해석

① neglect 무시하다, 방치하다
② curtail 줄이다, 축소하다, 삭감하다
③ revitalize 새로운 활력을 주다, 재활성화시키다
④ multiply 곱하다, 증가[증대]하다, 증가[증대]시키다

정답 해설

주어진 문장에 역접을 나타내는 접속부사 nonetheless가 있으므로 일부 지역의 공기 질이 계속 악화되었다는 내용과 반대되는 내용인 오염 수준을 '줄이기' 위한 조치를 취했다는 것이 자연스럽다. 따라서 빈칸에는 ②가 적절하다.

핵심 어휘

∗ curtail = lower, reduce, decrease, diminish, lessen, shorten

13 정답 ①

지문 해석

출입국 공무원들은 그들의 서류에 어떤 의심스러운 사항이 있는 경우 모든 확인이 완료될 때까지 여행객을 일시적으로 <u>구금할</u> 수 있다.

선지 해석

① detain 구금하다, 억류하다
② invest 투자하다
③ infect 감염시키다, 오염시키다
④ flourish 번창하다, 번성하다

정답 해설

여행객들의 서류에 의심스러운 사항이 있을 때라는 문맥으로 보아 여행객을 일시적으로 '구금하여' 확인할 수 있다는 내용이 자연스러우므로 빈칸에는 ①이 적절하다.

14 정답 ①

지문 해석

과도한 음주는 판단력과 감정 조절 능력을 <u>손상시킬</u> 수 있다는 사실이 과학적으로 입증되어서 과도한 음주는 피하라고 권고한다.

선지 해석

① impair 손상시키다, 악화시키다
② enhance 높이다, 향상시키다
③ devote 헌신하다, 바치다
④ consult 상담하다

정답 해설

과도한 음주를 피하라는 문맥으로 보아 과도한 음주는 판단력과 감정 조절 능력을 '손상시킨다'는 내용이 자연스러우므로 빈칸에는 ①이 적절하다.

핵심 어휘

∗ impair = harm, damage, undermine, worsen, make worse

15 정답 ③

지문 해석

뉴스에서 중요한 요건은 그것이 흥미로워야 하며, 그 이야기가 새롭고 처음으로 <u>보도되어야</u> 한다는 것이다.

선지 해석

① breed 기르다, 낳다, 사육하다, 번식시키다
② cease 중단하다, 그치다, 끝나다
③ cover 보도하다, 감추다, 숨기다, 가리다, 덮다
④ flee 달아나다, 도망하다

정답 해설

뉴스라는 문맥으로 보아 그 이야기가 새롭고 처음으로 '보도되어야' 한다는 내용이 자연스러우므로 빈칸에는 ③이 적절하다.

16 정답 ②

지문 해석

그녀는 기밀 정보를 <u>누설하지</u> 않겠다고 약속했지만, 대화 중 실수로 그것을 언급했다.

선지 해석

① plummet 급락하다, 곤두박질치다
② divulge (비밀을) 말하다, 누설하다
③ bend 굽히다, 구부리다
④ compensate 보상하다 (for)

정답 해설

주어진 문장에 역접을 나타내는 접속부사 however가 있으므로 대화 중 실수로 그 기밀 정보를 언급했다는 내용과 반대되는 내용인 그것을 '누설하지' 않겠다고 약속했다는 것이 자연스럽다. 따라서 빈칸에는 ②가 적절하다.

핵심 어휘

∗ divulge = expose, reveal, disclose, uncover, betray, let on

17 정답 ④

지문 해석

계약 조건이 너무 <u>모호해서</u> 나중에 혼란과 불일치가 발생할 것이 분명했다.

선지 해석

① authentic 진짜인, 진품의
② convenient 편리한
③ damp 촉촉한, 눅눅한
④ nebulous 모호한, 애매한, 흐릿한

정답 해설

혼란과 불일치가 발생할 것이 분명하다는 문맥으로 보아 그 계약 조건은 너무 '모호하다'는 내용이 자연스러우므로 빈칸에는 ④가 적절하다.

핵심 어휘

∗ nebulous 모호한 = indistinct, vague, blurred

18 정답 ①

지문 해석

새로운 자동차 모델은 <u>절약적인</u> 연료 소비로 유명하여, 예산을 고려하는 운전사들 사이에서 인기가 높다.

선지 해석

① economical 절약하는, 경제적인
② dense 밀집한, 빽빽한
③ hostile 적대적인
④ costly 값비싼, 비용이 많이 드는

정답 해설

운전자들이 예산을 고려한다는 문맥으로 보아 연료 소비에 '절약적인' 자동차를 찾아보고 있다는 내용이 자연스러우므로 빈칸에는 ①이 적절하다.

핵심 어휘

* costly = expensive

19 정답 ②

지문 해석

그녀는 한밤중에 귀가하는 길에 <u>낯선</u> 남자가 따라와서 곧바로 경찰서로 향해 달려갔다.

선지 해석

① generous 후한, 너그러운
② strange 낯선, 이상한
③ intimate 친밀한, 사적인
④ vertical 수직의, 세로의

정답 해설

귀가 중에 곧바로 경찰서로 달려갔다는 문맥으로 보아 '낯선' 남자가 따라왔다는 내용이 자연스러우므로 빈칸에는 ②가 적절하다.

핵심 어휘

* strange 이상한 = bizarre, odd, weird, peculiar, uncanny, eccentric, eerie

20 정답 ①

지문 해석

새 행정부는 세금 인상을 즉시 <u>폐지하겠다고</u> 약속했지만, 변경 사항의 이행 과정이 예상보다 너무 느려 높은 세금은 그대로 유지됐다.

선지 해석

① repeal 폐지하다, 무효로 하다, 취소하다, 철회하다
② cause 유발하다, 야기하다
③ desire 바라다, 원하다
④ envy 부러워하다

정답 해설

주어진 문장에 역접을 나타내는 접속사 but이 있으므로 이행 과정이 너무 느려 그대로 유지됐다는 내용과 반대되는 내용인 세금 인상을 즉시 '폐지하겠다'고 약속했다는 것이 자연스럽다. 따라서 빈칸에는 ①이 적절하다.

핵심 어휘

* repeal = cancel, abolish, abrogate, annul, nullify, invalidate, revoke, rescind

03

어휘 실력 강화 연습문제 03회 REVIEW TEST 👍

01

▦ incensed   몹시 화난, 격분한

▦ unreliable   믿을[신뢰할] 수 없는

▦ scornful   경멸[멸시]하는

▦ priceless   값을 매길 수 없는, 대단히 귀중한

02

▦ surrogate   대리인

▦ diminution   축소, 감소

▦ sentry   보초, 감시

▦ perjury   위증(죄)

03

▦ cheap   싼, 돈이 적게 드는

▦ facetious   익살스러운, 우스운, 경박한

▦ bitter   쓴, 신랄한

▦ feminine   여성스러운, 여성의

04

▦ virtuous   덕이 있는, 덕이 높은, 고결한

▦ spurious   가짜의, 위조의

▦ blithe   유쾌한, 즐거운, 명랑한

▦ trustworthy   신뢰할[믿을] 수 있는

05

▦ present   증정하다, 제시하다

▦ contend   주장하다, 논쟁하다, 다투다

▦ capitulate   굴복하다, 항복하다

▦ crack   갈라지다, 깨지다

06

▦ decay   썩다, 부패하다, 부패시키다

▦ excuse   용서하다, 변명하다

▦ adduce   제시하다, 인용하다

▦ repudiate   거부하다, 부인하다

07

▦ soak   담그다, 흡수하다

▦ glean   줍다, 수집하다

▦ criticize   비평하다, 비난하다

▦ plunder   약탈[강탈]하다, 빼앗다

08

▦ obsolete   구식의, 쇠퇴한, 쓸모없는

▦ palatable   맛이 좋은, 입에 맞는

▦ anguished   괴로워하는, 고뇌에 찬

▦ eloquent   웅변의, 유창한

09

■ formal	격식을 차린, 공식적인, 형식적인	
■ salutary	유익한, 효과가 좋은	
■ courteous	공손한, 정중한	
■ impudent	무례한, 버릇없는	

10

■ reassuring	안심시키는, 위안을 주는	
■ valiant	용감한, 씩씩한	
■ propitious	좋은, 유리한	
■ irresponsible	무책임한	

11

■ desiccated	건조한, 분말의, 생기가 없는	
■ eligible	적격의, 적임의	
■ asymmetrical	비대칭의, 균형이 잡히지 않은	
■ chronic	만성적인, 장기간에 걸친	

12

■ neglect	무시하다, 방치하다	
■ curtail	줄이다, 축소하다, 삭감하다	
■ revitalize	새로운 활력을 주다, 재활성화시키다	
■ multiply	곱하다, 증개[증대]하다, 증개[증대]시키다	

13

■ detain	구금하다, 억류하다	
■ invest	투자하다	
■ infect	감염시키다, 오염시키다	
■ flourish	번창하다, 번성하다	

03

14

■ impair	손상시키다, 악화시키다	
■ enhance	높이다, 향상시키다	
■ devote	헌신하다, 바치다	
■ consult	상담하다	

15

■ breed	기르다, 낳다, 사육하다, 번식시키다	
■ cease	중단하다, 그치다, 끝나다	
■ cover	보도하다, 감추다, 숨기다, 가리다, 덮다	
■ flee	달아나다, 도망하다	

16

■ plummet	급락하다, 곤두박질치다	
■ divulge	(비밀을) 말하다, 누설하다	
■ bend	굽히다, 구부리다	
■ compensate	보상하다 (for)	

17

▦	authentic	진짜인, 진품의
▦	convenient	편리한
▦	damp	촉촉한, 눅눅한
▦	nebulous	모호한, 애매한, 흐릿한

18

▦	economical	절약하는, 경제적인
▦	dense	밀집한, 빽빽한
▦	hostile	적대적인
▦	costly	값비싼, 비용이 많이 드는

19

▦	generous	후한, 너그러운
▦	strange	낯선, 이상한
▦	intimate	친밀한, 사적인
▦	vertical	수직의, 세로의

20

▦	repeal	폐지하다, 무효로 하다, 취소하다, 철회하다
▦	cause	유발하다, 야기하다
▦	desire	바라다, 원하다
▦	envy	부러워하다

어휘 실력 강화 연습문제 정답 및 해설

Answer

01 ③	02 ①	03 ①	04 ③	05 ④
06 ③	07 ②	08 ④	09 ②	10 ③
11 ①	12 ②	13 ④	14 ①	15 ②
16 ④	17 ①	18 ④	19 ③	20 ④

01 정답 ③

지문 해석

> 장학금은 학교에서 가장 우수한 학생일지라도 무단결석이 많은 학생에게는 <u>수여되지</u> 않는다.

선지 해석

① suffer 고통받다, 시달리다
② revive 부활시키다, 소생시키다
③ bestow 수여[부여]하다, 주다
④ preach 설교하다, 설파하다

정답 해설

우수한 성적이더라도 무단결석이 많다라는 문맥으로 보아 장학금이 '수여되지' 않는다는 내용이 자연스러우므로 빈칸에는 ③이 적절하다.

02 정답 ①

지문 해석

> 투표를 할 때, 일부 회원들은 양측의 의견을 따라 하나를 선택하기보다는 <u>기권하기로</u> 결정했다.

선지 해석

① abstain 기권하다, 삼가다, 절제하다
② melt 녹다
③ fasten 매다, 고정시키다
④ exceed 넘다, 초과하다

정답 해설

투표 과정에서 양측의 의견 중에 하나를 선택하지 않는다는 문맥으로 보아 '기권했다'는 내용이 자연스러우므로 빈칸에는 ①이 적절하다.

03 정답 ①

지문 해석

> 신입 직원은 회사에 들어온 첫 몇 주 동안 <u>소심했지만</u>, 역할에 적응하면서 점차 자신감을 얻었다.

선지 해석

① diffident 소심한, 내성적인, 자신이 없는
② crisp 바삭바삭한
③ cheery 쾌활한, 명랑한, 유쾌한
④ splendid 정말 좋은[멋진], 훌륭한

정답 해설

주어진 문장에 역접을 나타내는 접속사 but이 있으므로 역할에 적응하면서 점차 자신감을 얻었다는 반대되는 내용인 회사에 들어온 초반에는 '소심했다'는 것이 자연스럽다. 따라서 빈칸에는 ①이 적절하다.

핵심 어휘

＊ diffident = shy, timid, reserved

04 정답 ③

지문 해석

> 나는 공장을 구하기 위해 가능한 모든 방법을 동원했지만 결국 공장은 <u>파산했고</u> 모든 자산을 처분하여 빚을 갚아야 했다.

선지 해석

① aesthetic 미학적인, 심미적인
② ethical 윤리적인, 도덕적인
③ bankrupt 파산한
④ flexible 유연한, 융통성 있는

정답 해설

주어진 문장에 역접을 나타내는 접속사 but이 있으므로 공장을 구하기 위해 모든 방법을 동원했다는 내용과 반대되는 내용인 공장은 결국 '파산했고' 빚을 갚아야 했다는 것이 자연스럽다. 따라서 빈칸에는 ③이 적절하다.

05 정답 ④

지문 해석

> 물이 얼면 액체에서 <u>고체</u> 상태로 변하여 얼음을 형성하며, 이는 녹아서 다시 액체로 변할 때까지 형태를 유지한다.

선지 해석

① ideal 이상적인
② keen 예민한, 예리한, 열심인, 열정적인
③ legal 합법적인, 법률의
④ solid 고체의, 단단한, 확실한

정답 해설

물이 언다는 문맥으로 보아 액체 상태에서 '고체' 상태로 변한다는 내용이 자연스러우므로 빈칸에는 ④가 적절하다.

06 정답 ③

지문 해석

회사는 <u>근면한</u> 직원들 덕분에 번창했으며, 그 직원들은 높은 생산성과 품질을 달성하기 위해 주말에도 일했다.

선지 해석

① mortal 죽을 운명의, 치명적인
② naked 벌거벗은
③ industrious 근면한, 부지런한
④ nervous 불안해하는, 초조한

정답 해설

회사를 위해 직원들이 주말에도 계속 일했다는 문맥으로 보아 회사의 직원들은 '근면하다'는 내용이 자연스러우므로 빈칸에는 ③이 적절하다.

핵심 어휘

＊ industrious ＝ hardworking, diligent

07 정답 ②

지문 해석

그 예술가의 최신 전시는 예술계로부터 <u>칭송받았으며</u>, 많은 사람들이 그녀의 작품에 사용된 혁신적인 기법을 칭찬했다.

선지 해석

① spoil 망치다, 손상시키다
② acclaim 칭송하다, 갈채[환호]하다
③ scold 꾸짖다
④ relieve 완화하다, 줄이다, 덜어 주다

정답 해설

많은 사람들이 예술가의 기법을 칭찬했다는 문맥으로 보아 예술계로부터도 '칭송받았다'는 내용이 자연스러우므로 빈칸에는 ②가 적절하다.

핵심 어휘

＊ relieve ＝ alleviate, reduce, ease, soothe, allay, assuage, pacify, placate, mitigate, mollify

08 정답 ④

지문 해석

회사의 임원들로부터 상당한 반대가 있었음에도 불구하고, 이사회는 그 제안을 <u>수용할지</u> 여부를 공정한 투표를 통해 결정하기로 했다.

선지 해석

① recycle 재활용하다
② invade 침입하다, 침해하다
③ inhabit 거주하다, 서식하다
④ accept 수용하다, 받아들이다

정답 해설

주어진 문장에 역접을 나타내는 전치사 despite가 있으므로 임원들의 상당한 반대가 있었다는 내용과 반대되는 내용인 이사회는 그 제안을 '수용할지'의 여부를 위한 투표를 하기로 했다는 것이 자연스럽다. 따라서 빈칸에는 ④가 적절하다.

09 정답 ②

지문 해석

초등학교는 기본 수학 개념에 대한 이해를 강화하기 위해 초기에 구구단을 <u>암송할</u> 수 있도록 가르친다.

선지 해석

① hide 감추다, 숨기다
② recite 암송[낭독]하다
③ hesitate 망설이다, 주저하다
④ immigrate 이민을 오다, 이주해 오다

정답 해설

수학 개념에 대한 이해를 돕는다는 문맥으로 보아 구구단을 '암송할' 수 있도록 가르쳤다는 내용이 자연스러우므로 빈칸에는 ②가 적절하다.

10 정답 ③

지문 해석

마트 직원들은 품절로 인해 구매하지 못한 고객들을 <u>달래기</u> 위해 다음 구매 때 사용할 수 있는 할인 쿠폰을 제공하기로 결정했다.

선지 해석

① glance 힐끗 보다
② frustrate 좌절시키다, 방해하다
③ appease 달래다, 진정시키다
④ explode 폭발하다, 터지다

정답 해설

다음 구매에 사용할 수 있는 할인 쿠폰을 제공했다는 문맥으로 보아 품절로 구매하지 못한 불만이 있는 고객들을 '달래기' 위함이었다는 내용이 자연스러우므로 빈칸에는 ③이 적절하다.

핵심 어휘

＊ appease ＝ pacify, allay, assuage, calm (down), conciliate, soothe, placate, mollify, tranquilize

11 정답 ①

지문 해석

애완동물과 산책할 때는, 길을 걷고 있는 사람들에게 갑자기 달려들지 않도록 주인의 명령을 <u>따르도록</u> 훈련되어야 한다.

선지 해석

① obey 따르다, 복종하다
② exclude 배제하다, 제외하다
③ dwell 거주하다, 살다
④ declare 선언[선포/공표]하다, (세관에서) 신고하다

정답 해설

애완동물이 사람들에게 달려들지 않도록 해야 한다는 문맥으로 보아 주인의 명령을 '따를 수 있도록' 훈련해야 한다는 내용이 자연스러우므로 빈칸에는 ①이 적절하다.

핵심 어휘

＊ exclude 제외하다 ＝ preclude

12 정답 ②

지문 해석

고객에게 환불을 할 수 있도록 안내했으나, 그녀는 그것을 거절하고 대신 제품 교환을 해달라고 말했다.

선지 해석

① crawl 기어가다
② reject 거절하다, 거부하다
③ bless 축복하다
④ attain 이루다, 달성하다

정답 해설

주어진 문장에 역접을 나타내는 접속부사 however가 있으므로 고객에게 환불을 할 수 있도록 안내했다는 내용과 반대되는 내용인 그 제안을 '거절하고' 제품 교환을 해달라고 했다는 것이 자연스럽다. 따라서 빈칸에는 ②가 적절하다.

핵심 어휘

＊ reject 거절하다 ＝ refuse, decline, turn down

13 정답 ④

지문 해석

그는 주말의 대부분을 TV 앞에서 수동적으로 보냈고, 새로운 것에 도전을 하기보다는 시간을 낭비했다.

선지 해석

① attract 마음을 끌다, 끌어당기다
② appoint 임명하다, 지명하다
③ degrade 비하하다, 저하시키다
④ squander 낭비[허비]하다, 함부로 쓰다

정답 해설

주말 대부분을 새로운 것을 도전하지 않고 수동적으로 보낸다는 것으로 보아 시간을 '낭비하면서' 주말을 보냈다는 내용이 자연스러우므로 빈칸에는 ④가 적절하다.

핵심 어휘

＊ squander ＝ waste, fritter away

14 정답 ①

지문 해석

그녀가 20살이 되자, 그녀는 혼자 독립해서 살고 싶어 했고, 그래서 그녀가 여전히 너무 어리다고 생각하여 함께 살기를 원하는 부모님을 계속해서 설득했다.

선지 해석

① persuade 설득하다, 납득시키다
② distribute 나누어 주다, 분배하다, 유통시키다
③ retreat 퇴각하다, 후퇴하다
④ knot 묶다, 얽히다

정답 해설

20살이 되어 독립해서 살고 싶기를 원한다는 문맥으로 보아 그녀는 같이 살기를 원하는 부모님을 계속 '설득했다'는 내용이 자연스러우므로 빈칸에는 ①이 적절하다.

15 정답 ②

지문 해석

최고의 프로 운동선수가 되겠다는 꿈을 이루기 위해 그는 철저한 훈련을 위해 주말에 쉬는 것과 친구들과 노는 것을 희생해야 했다.

선지 해석

① insert 끼우다, 넣다, 삽입
② sacrifice 희생하다
③ glare 빛나다, 노려보다
④ extract 추출하다, 뽑아내다, 추출, 발췌

정답 해설

프로선수가 되겠다는 꿈을 이룬다는 문맥으로 보아 그는 자기만의 시간을 '희생하고' 훈련만 했다는 내용이 자연스러우므로 빈칸에는 ②가 적절하다.

16 정답 ④

지문 해석

올해는 강우량이 부족했지만 놀랍게도 농작물은 작년보다 더 잘 자랐다.

선지 해석

① abundance 풍부, 다량
② surfeit 과다, 범람
③ spectacle 장관, 구경거리
④ paucity 결핍, 부족

정답 해설

주어진 문장에 역접을 나타내는 접속사 although가 있으므로 작년보다 올해가 농작물이 더 잘 자랐다는 내용과 반대되는 내용인 올해는 강우량이 '부족했다'는 것이 자연스럽다. 따라서 빈칸에는 ④가 적절하다.

핵심 어휘

＊ paucity ＝ lack, shortage, dearth, scarcity, deficiency

17 정답 ①

지문 해석

그는 신용 사기를 당해서 모든 것을 다 잃은 후, 인간의 접촉에서 멀리 떨어진 산속에서 외로운 삶을 살기로 했다.

선지 해석

① solitary 외로운, 고독한, 혼자의
② dairy 유제품의, 낙농(업)의
③ false 틀린, 거짓의
④ noisy 시끄러운, 떠들썩한

정답 해설

인간의 접촉에서 멀리 떨어진 산속에서 살려고 한다는 문맥으로 보아 '외로운' 삶을 살기로 했다는 내용이 자연스러우므로 빈칸에는 ①이 적절하다.

핵심 어휘

* solitary = lone, lonely

18 정답 ④

지문 해석

그는 갑자기 나타난 오토바이와의 충돌을 <u>피하기</u> 위해 재빨리 핸들을 왼쪽으로 꺾어서 큰 사고가 나지 않았다.

선지 해석

① register 등록하다, 기록부, 명부
② pursue 추구하다, 뒤쫓다
③ justify 정당화하다
④ avert 피하다, 막다, (눈·얼굴 등을) 돌리다

정답 해설

재빨리 핸들을 꺾어 큰 사고가 나지 않았다는 문맥으로 보아 갑자기 나타난 오토바이와 충돌을 '피했다'는 내용이 자연스러우므로 빈칸에는 ④가 적절하다.

핵심 어휘

* avert = avoid, prevent, preclude, head off, ward off, stave off

19 정답 ③

지문 해석

유명 인사의 회의에서의 연설은 영감을 주었고 <u>잊을 수가 없어서</u>, 청중 모두에게 긍정적인 영향을 끼쳤다.

선지 해석

① desperate 절망적인, 필사적인
② silent 침묵의, 말을 안 하는
③ memorable 기억할 만한, 현저한, 잊을 수 없는
④ tragic 비극적인

정답 해설

연설이 청중들에게 긍정적인 영향을 끼쳤다는 문맥으로 보아 청중들에게 영감을 주고 '잊을 수 없는' 연설이었다는 내용이 자연스러우므로 빈칸에는 ③이 적절하다.

핵심 어휘

* memorable = unforgettable

20 정답 ④

지문 해석

그 과정은 <u>투명해야</u> 했지만, 많은 사람들이 결정이 어떻게 이루어졌는지에 대한 명확성이 부족하다고 느꼈다.

선지 해석

① violent 폭력적인, 격렬한
② weird 기이한, 기괴한
③ silly 어리석은, 바보 같은
④ transparent 투명한, 명료한

정답 해설

주어진 문장에 역접을 나타내는 접속사 yet이 있으므로 많은 사람들이 그 과정에 대한 명확성이 부족하다고 느꼈다는 내용과 반대되는 내용인 그 과정은 '투명해야' 했다는 것이 자연스럽다. 따라서 빈칸에는 ④가 적절하다.

핵심 어휘

* weird = odd, bizarre, strange, peculiar, uncanny, eccentric, eerie

어휘 실력 강화 연습문제 04회 REVIEW TEST

04

01

- suffer   고통받다, 시달리다
- revive   부활시키다, 소생시키다
- bestow   수여[부여]하다, 주다
- preach   설교하다, 설파하다

02

- abstain   기권하다, 삼가다, 절제하다
- melt   녹다
- fasten   매다, 고정시키다
- exceed   넘다, 초과하다

03

- diffident   소심한, 내성적인, 자신이 없는
- crisp   바삭바삭한
- cheery   쾌활한, 명랑한, 유쾌한
- splendid   정말 좋은[멋진], 훌륭한

04

- aesthetic   미학적인, 심미적인
- ethical   윤리적인, 도덕적인
- bankrupt   파산한
- flexible   유연한, 융통성 있는

05

- ideal   이상적인
- keen   예민한, 예리한, 열심인, 열정적인
- legal   합법적인, 법률의
- solid   고체의, 단단한, 확실한

06

- mortal   죽을 운명의, 치명적인
- naked   벌거벗은
- industrious   근면한, 부지런한
- nervous   불안해하는, 초조한

07

- spoil   망치다, 손상시키다
- acclaim   칭송하다, 갈채[환호]하다
- scold   꾸짖다
- relieve   완화하다, 줄이다, 덜어 주다

08

- recycle   재활용하다
- invade   침입하다, 침해하다
- inhabit   거주하다, 서식하다
- accept   수용하다, 받아들이다

09

■	hide	감추다, 숨기다
■	recite	암송[낭독]하다
■	hesitate	망설이다, 주저하다
■	immigrate	이민을 오다, 이주해 오다

10

■	glance	힐끗 보다
■	frustrate	좌절시키다, 방해하다
■	appease	달래다, 진정시키다
■	explode	폭발하다, 터지다

11

■	obey	따르다, 복종하다
■	exclude	배제하다, 제외하다
■	dwell	거주하다, 살다
■	declare	선언[선포/공표]하다, (세관에서) 신고하다

12

■	crawl	기어가다
■	reject	거절하다, 거부하다
■	bless	축복하다
■	attain	이루다, 달성하다

13

■	attract	마음을 끌다, 끌어당기다
■	appoint	임명하다, 지명하다
■	degrade	비하하다, 저하시키다
■	squander	낭비[허비]하다, 함부로 쓰다

14

■	persuade	설득하다, 납득시키다
■	distribute	나누어 주다, 분배하다, 유통시키다
■	retreat	퇴각하다, 후퇴하다
■	knot	묶다, 얽히다

15

■	insert	끼우다, 넣다, 삽입
■	sacrifice	희생하다
■	glare	빛나다, 노려보다
■	extract	추출하다, 뽑아내다, 추출, 발췌

16

■	abundance	풍부, 다량
■	surfeit	과다, 범람
■	spectacle	장관, 구경거리
■	paucity	결핍, 부족

17

■ solitary 외로운, 고독한, 혼자의

■ dairy 유제품의, 낙농(업)의

■ false 틀린, 거짓의

■ noisy 시끄러운, 떠들썩한

18

■ register 등록하다, 기록부, 명부

■ pursue 추구하다, 뒤쫓다

■ justify 정당화하다

■ avert 피하다, 막다, (눈·얼굴 등을) 돌리다

19

■ desperate 절망적인, 필사적인

■ silent 침묵의, 말을 안 하는

■ memorable 기억할 만한, 현저한, 잊을 수 없는

■ tragic 비극적인

20

■ violent 폭력적인, 격렬한

■ weird 기이한, 기괴한

■ silly 어리석은, 바보 같은

■ transparent 투명한, 명료한

어휘 실력 강화 연습문제 정답 및 해설

Answer

01 ③	02 ①	03 ③	04 ②	05 ②
06 ④	07 ②	08 ②	09 ④	10 ①
11 ②	12 ①	13 ③	14 ④	15 ③
16 ②	17 ④	18 ①	19 ④	20 ③

01 정답 ③

지문 해석

그 방은 많은 손님들이 들어가도 편안함을 느낄 수 있을 만큼 충분한 공간의 크기였다.

선지 해석

① paternal 아버지의, 부계의
② numb 감각이 없는, 마비된
③ sufficient 충분한
④ cramped 비좁은, 갑갑한

정답 해설

그 방에 많은 손님들이 들어가도 편안함을 느꼈다는 문맥으로 보아 그 방의 크기는 '충분했다'는 내용이 자연스러우므로 빈칸에는 ③이 적절하다.

핵심 어휘

＊ sufficient = ample, enough, adequate, abundant

02 정답 ①

지문 해석

산에는 가파른 절벽이 많아서 입구에 등산객에게 주의를 요구하는 경고 표지판이 있었다.

선지 해석

① steep 가파른, 급격한
② adaptive 조정의, 적응할 수 있는
③ fruitful 생산적인, 유익한, 수확이 많이 나는
④ neutral 중립의, 중립적인

정답 해설

등산객에게 주의를 요구한다는 문맥으로 보아 산에는 '가파른' 절벽이 많아 위험하다는 내용이 자연스러우므로 빈칸에는 ①이 적절하다.

03 정답 ③

지문 해석

회사에 불만이 전혀 없었던 그의 갑작스러운 퇴사는 주변 동료들을 놀라게 했다.

선지 해석

① spatial 공간의, 공간적인
② noted 잘 알려져 있는, 유명한
③ sudden 갑작스러운
④ affective 정서적인, 감정적인

정답 해설

회사에 불만이 전혀 없었던 그가 퇴사를 한 것에 동료들이 놀랐다는 문맥으로 보아 그의 퇴사가 '갑작스러웠다'는 내용이 자연스러우므로 빈칸에는 ③이 적절하다.

핵심 어휘

＊ noted = famous, well-known, celebrated

04 정답 ②

지문 해석

그 지역은 물 자원이 부족한 것으로 알려져 있지만, 혁신적인 관개 방법 덕분에 농업 생산량이 향상되었다.

선지 해석

① fraudulent 사기를 치는
② scarce 부족한, 드문
③ ample 충분한, 풍부한
④ pleasant 쾌적한, 즐거운, 기분 좋은, 상냥한

정답 해설

주어진 문장에 역접을 나타내는 접속사 though가 혁신적인 관개 방법으로 농업 생산량이 향상되었다는 내용과 반대되는 내용인 그 지역은 물 자원이 '부족한' 것으로 알려져 있다는 것이 자연스럽다. 따라서 빈칸에는 ②가 적절하다.

핵심 어휘

＊ pleasant = pleasing, pleasurable, enjoyable, agreeable, delightful

05 정답 ②

지문 해석

최근 무인 카페가 점점 더 인기를 끌면서 이 지역에서도 비슷한 가게들이 점점 더 많이 생겨나고 있다.

선지 해석

① hereditary 유전적인, 세습되는
② similar 비슷한, 유사한
③ liquid 액체의, 액상의, 액체
④ immature 미숙한, 다 자라지 못한

정답 해설

무인 카페가 점점 인기를 끌고 있다는 문맥으로 보아 '비슷한' 가게들이 점점 생겨나고 있다는 내용이 자연스러우므로 빈칸에는 ②가 적절하다.

핵심 어휘

＊ immature = infantile, childish

06 정답 ④

지문 해석

급한 성격의 그녀는 사람들이 제품을 사기 위해 몇 시간씩 줄 서는 것이 <u>터무니없다고</u> 생각했다.

선지 해석

① consultative 고문[자문]의, 상담의
② periodical 정기 간행의, 정기 간행물(특히 학술지)
③ suitable 적합한, 적절한, 알맞은
④ ridiculous 터무니없는, 우스꽝스러운, 웃기는

정답 해설

급한 성격을 가진 그녀라는 문맥으로 보아 몇 시간이 걸려 가면서 줄을 서서 제품을 사는 것이 '터무니없다'고 생각했다는 내용이 자연스러우므로 빈칸에는 ④가 적절하다.

07 정답 ②

지문 해석

현재 자금 부족 상황을 고려할 때, 그녀가 비상 사태를 대비해 돈을 저축하기로 한 결정은 <u>합리적인</u> 선택이었다.

선지 해석

① foolish 어리석은, 바보 같은
② sensible 합리적인, 분별 있는
③ irresponsible 무책임한
④ regional 지방의, 지역의

정답 해설

자금이 부족한 상황을 고려할 때라는 문맥으로 보아 저축을 하기로 한 것은 '합리적인' 결정이라는 내용이 자연스러우므로 빈칸에는 ②가 적절하다.

핵심 어휘

＊ irresponsible ＝ reckless, careless

08 정답 ②

지문 해석

이 식당은 <u>외딴</u> 지역에 위치해 있지만 사람들은 시간을 내어 자주 방문한다.

선지 해석

① savvy 요령[상식] 있는, 요령, 상식
② remote 외딴, 먼
③ decomposed 분해된, 부패된
④ elementary 초급의, 초등의, 기본적인

정답 해설

주어진 문장에 역접을 나타내는 접속사 yet이 있으므로 시간을 내어 그 식당에 자주 방문한다는 내용과 반대되는 내용인 그 식당이 '외딴' 지역에 위치해 있다는 것이 자연스럽다. 따라서 빈칸에는 ②가 적절하다.

09 정답 ④

지문 해석

소방대원들은 화재가 신고되면 <u>신속한</u> 출동을 하기 위해 매일매일 긴장을 늦추지 않는다.

선지 해석

① tardy 느린, 더딘, 늦은, 지체된
② dubious 의심하는, 수상쩍은
③ drained 진이 빠진, 녹초가 된
④ rapid 신속한, 빠른

정답 해설

소방대원들은 항상 긴장을 늦추지 않는다는 문맥으로 보아 '신속한' 출동이라는 내용이 자연스러우므로 빈칸에는 ④가 적절하다.

핵심 어휘

＊ dubious ＝ doubtful, skeptical

10 정답 ①

지문 해석

<u>사적인</u> 토지에 대한 접근은 제한되며, 방문객들은 입장을 위해 허가가 필요하다.

선지 해석

① private 사유의, 사적인
② vexed 화가 난, 곤란한
③ candid 솔직한
④ apathetic 무감각한, 냉담한

정답 해설

입장을 위해 허가가 필요하다는 문맥으로 보아 개인 소유의 '사적인' 토지는 접근이 제한된다는 내용이 자연스러우므로 빈칸에는 ①이 적절하다.

핵심 어휘

＊ apathetic ＝ aloof, callous, indifferent, uninterested, nonchalant

11 정답 ②

지문 해석

항상 일관된 음식의 맛을 내기 위해서는 <u>정확한</u> 양의 재료가 요구된다.

선지 해석

① dangerous 위험한
② precise 정확한, 정밀한
③ vaporous 수증기 같은, 수증기가 가득한
④ mistaken 잘못된, 틀린

정답 해설

일관된 음식의 맛을 낸다는 문맥으로 보아 '정확한' 양의 재료가 요구된다는 내용이 자연스러우므로 빈칸에는 ②가 적절하다.

12 정답 ①

지문 해석

흔히 채소를 <u>날것으로</u> 먹는 것이 더 좋다고 말하지만, 토마토는 익혔을 때 더 좋다고 여겨진다.

선지 해석

① raw 날것의, 가공되지 않은
② ravenous 몹시 굶주린
③ offensive 모욕적인, 불쾌한, 공격적인
④ severe 극심한, 가혹한

정답 해설

주어진 문장에 역접을 나타내는 접속사 but이 있으므로 토마토는 익혔을 때 더 좋다고 여겨진다는 내용과 반대되는 내용인 채소는 '날것으로' 먹는 것이 더 좋다고 하는 것이 자연스럽다. 따라서 빈칸에는 ①이 적절하다.

13 정답 ③

지문 해석

시간은 무엇과도 바꿀 수 없는 <u>귀중한</u> 자원이며, 그것을 헛되이 쓰지 않고 현명하게 사용하는 것이 중요하다.

선지 해석

① delightful 매우 기쁜, 즐거운
② gutless 배짱[용기] 없는
③ precious 귀중한, 값비싼
④ scornful 경멸[멸시]하는

정답 해설

시간을 헛되이 쓰지 않고 현명하게 사용해야 한다는 문맥으로 보아 시간은 무엇과도 바꿀 수 없을 정도로 '귀중하다'는 내용이 자연스러우므로 빈칸에는 ③이 적절하다.

핵심 어휘

＊ precious ＝ valuable, invaluable, priceless

14 정답 ④

지문 해석

그 밴드의 최신 앨범은 매우 <u>인기 있어서</u> 음원 차트의 상위권을 계속 유지했다.

선지 해석

① unwieldy 다루기 힘든, 부피가 큰
② wary 경계하는, 조심하는
③ wordy 말이 많은, 장황한
④ popular 인기 있는, 대중적인

정답 해설

그 밴드의 음원이 차트 상위권을 계속 유지한다는 문맥으로 보아 앨범이 매우 '인기가 있다'는 내용이 자연스러우므로 빈칸에는 ④가 적절하다.

핵심 어휘

＊ wordy ＝ verbose, talkative

15 정답 ③

지문 해석

그 도시의 건축물은 대체로 <u>평범</u>하며, 눈에 띄는 건물은 거의 없다.

선지 해석

① friendly 친절한, 상냥한
② brave 용감한
③ ordinary 평범한, 보통의
④ dissolvable 분해할 수 있는

정답 해설

눈에 띄는 건물이 거의 없다는 문맥으로 보아 건축물이 겉보기에 대체로 '평범하다'는 내용이 자연스러우므로 빈칸에는 ③이 적절하다.

핵심 어휘

＊ ordinary ＝ mediocre, common, commonplace, average

16 정답 ②

지문 해석

사람의 위치나 지위에 관계없이 모두에게 <u>예의 바르게</u> 대하는 것은 인간 관계에서 정말 중요하다.

선지 해석

① disparate 다른, 이질적인
② polite 예의 바른, 공손한
③ wicked 못된, 사악한
④ selfish 이기적인

정답 해설

인간관계에 있어서 사람의 위치나 지위를 따지지 않는다는 문맥으로 보아 모두에게 '예의 바르게' 대하는 것이 중요하다는 내용이 자연스러우므로 빈칸에는 ②가 적절하다.

핵심 어휘

＊ wicked ＝ immoral, unscrupulous, unprincipled, corrupt

17 정답 ④

지문 해석

숫자는 짝수일 뿐만 아니라 <u>홀수의</u> 숫자도 포함된다.

선지 해석

① allusive 암시적인
② spare 여분의, 남는
③ stingy (특히 돈에 대해) 인색한
④ odd 홀수의, 이상한

정답 해설

짝수라는 문맥으로 보아 '홀수'라는 내용이 자연스러우므로 빈칸에는 ④가 적절하다.

핵심 어휘

＊ odd ＝ strange, bizarre, weird, peculiar, uncanny, eccentric, eerie

18 정답 ①

지문 해석

공무원은 선거 결과에 영향을 미치는 행위를 하여서는 안 되고, 정치와 관련해서는 <u>중립적인</u> 태도를 유지해야 한다.

선지 해석

① neutral 중립적인
② biased 편향된, 선입견이 있는
③ turbulent 사나운, 소란스러운
④ insolent 무례한, 버릇없는

정답 해설

공무원은 선거 결과에 영향을 미치는 행위를 하면 안 된다는 문맥으로 보아 정치와 관련해서는 '중립적인' 태도가 필요하다는 내용이 자연스러우므로 빈칸에는 ①이 적절하다.

핵심 어휘

＊ insolent ＝ rude, impolite, impudent, impertinent

19 정답 ④

지문 해석

그녀는 열심히 준비한 발표에 대해 <u>부정적인</u> 피드백을 받자 실망했다.

선지 해석

① desirable 바람직한
② grand 웅장한, 장대한
③ useful 유용한, 쓸모 있는, 도움 되는
④ negative 부정적인, 음성의

정답 해설

그녀가 실망했다는 문맥으로 보아 발표에 대해 '부정적인' 피드백을 받았다는 내용이 자연스러우므로 빈칸에는 ④가 적절하다.

핵심 어휘

＊ useful ＝ helpful, advantageous, favourable, profitable, beneficial

20 정답 ③

지문 해석

그 집은 부엌까지 가는 통로는 매우 <u>좁지만</u>, 부엌은 여러 사람들이 요리를 할 수 있을 정도로 매우 넓었다.

선지 해석

① thrilled 아주 신이 난, 흥분한
② broad (폭이) 넓은
③ narrow 좁은, 한정된, 좁아지다
④ corporal 신체적인, 육체의

정답 해설

주어진 문장에 역접을 나타내는 접속부사 however가 있으므로 부엌은 여러 사람들이 요리 할 수 있을 정도로 엄청 넓다는 내용과 반대되는 내용인 부엌까지 가는 통로는 매우 '좁다'라고 하는 것이 자연스럽다. 따라서 빈칸에는 ③이 적절하다.

05

어휘 실력 강화 연습문제 05회 REVIEW TEST 👍

01

■ paternal   아버지의, 부계의

■ numb   감각이 없는, 마비된

■ sufficient   충분한

■ cramped   비좁은, 갑갑한

02

■ steep   가파른, 급격한

■ adaptive   조정의, 적응할 수 있는

■ fruitful   생산적인, 유익한, 수확이 많이 나는

■ neutral   중립의, 중립적인

03

■ spatial   공간의, 공간적인

■ noted   잘 알려져 있는, 유명한

■ sudden   갑작스러운

■ affective   정서적인, 감정적인

04

■ fraudulent   사기를 치는

■ scarce   부족한, 드문

■ ample   충분한, 풍부한

■ pleasant   쾌적한, 즐거운, 기분 좋은, 상냥한

05

■ hereditary   유전적인, 세습되는

■ similar   비슷한, 유사한

■ liquid   액체의, 액상의, 액체

■ immature   미숙한, 다 자라지 못한

06

■ consultative   고문[자문]의, 상담의

■ periodical   정기 간행의, 정기 간행물(특히 학술지)

■ suitable   적합한, 적절한, 알맞은

■ ridiculous   터무니없는, 우스꽝스러운, 웃기는

07

■ foolish   어리석은, 바보 같은

■ sensible   합리적인, 분별 있는

■ irresponsible   무책임한

■ regional   지방의, 지역의

08

■ savvy   요령[상식] 있는, 요령, 상식

■ remote   외딴, 먼

■ decomposed   분해된, 부패된

■ elementary   초급의, 초등의, 기본적인

09

■	tardy	느린, 더딘, 늦은, 지체된
■	dubious	의심하는, 수상쩍은
■	drained	진이 빠진, 녹초가 된
■	rapid	신속한, 빠른

10

■	private	사유의, 사적인
■	vexed	화가 난, 곤란한
■	candid	솔직한
■	apathetic	무감각한, 냉담한

11

■	dangerous	위험한
■	precise	정확한, 정밀한
■	vaporous	수증기 같은, 수증기가 가득한
■	mistaken	잘못된, 틀린

12

■	raw	날것의, 가공되지 않은
■	ravenous	몹시 굶주린
■	offensive	모욕적인, 불쾌한, 공격적인
■	severe	극심한, 가혹한

13

■	delightful	매우 기쁜, 즐거운
■	gutless	배짱[용기] 없는
■	precious	귀중한, 값비싼
■	scornful	경멸[멸시]하는

14

■	unwieldy	다루기 힘든, 부피가 큰
■	wary	경계하는, 조심하는
■	wordy	말이 많은, 장황한
■	popular	인기 있는, 대중적인

15

■	friendly	친절한, 상냥한
■	brave	용감한
■	ordinary	평범한, 보통의
■	dissolvable	분해할 수 있는

16

■	disparate	다른, 이질적인
■	polite	예의 바른, 공손한
■	wicked	못된, 사악한
■	selfish	이기적인

05

17

■ allusive   암시적인

■ spare   여분의, 남는

■ stingy   (특히 돈에 대해) 인색한

■ odd   홀수의, 이상한

18

■ neutral   중립적인

■ biased   편향된, 선입견이 있는

■ turbulent   사나운, 소란스러운

■ insolent   무례한, 버릇없는

19

■ desirable   바람직한

■ grand   웅장한, 장대한

■ useful   유용한, 쓸모 있는, 도움 되는

■ negative   부정적인, 음성의

20

■ thrilled   아주 신이 난, 흥분한

■ broad   (폭이) 넓은

■ narrow   좁은, 한정된, 좁아지다

■ corporal   신체적인, 육체의

어휘 실력 강화 연습문제 정답 및 해설

Answer

01 ①	02 ③	03 ②	04 ③	05 ④
06 ①	07 ③	08 ④	09 ①	10 ③
11 ②	12 ②	13 ③	14 ①	15 ④
16 ②	17 ④	18 ①	19 ③	20 ②

01 정답 ①

지문 해석

대화중에 다른 사람의 말을 중단시키는 그녀의 <u>못된</u> 습관은 점점 짜증나게 만들었다.

선지 해석

① nasty 끔찍한, 못된
② structural 구조상의, 구조적인
③ maternal 어머니의, 모성의, 모계의
④ infectious 전염성의, 전염되는

정답 해설

다른 사람의 말을 중단시키며 다른 사람들을 짜증나게 만든다고 하는 문맥으로 보아 그녀가 '못된' 습관을 가졌다는 내용이 자연스러우므로 빈칸에는 ①이 적절하다.

02 정답 ③

지문 해석

정신 건강을 유지하는 것은 신체 건강을 돌보는 것만큼 중요하다.

선지 해석

① precise 정확한, 세심한, 꼼꼼한
② deaf 귀가 먹은, 청각 장애가 있는
③ mental 정신적인
④ elderly 연세가 드신, 어르신들

정답 해설

신체 건강을 돌보는 것만큼 중요하다는 문맥으로 보아 '정신' 건강을 유지하고 것이 중요하다는 내용이 자연스러우므로 빈칸에는 ③이 적절하다.

03 정답 ②

지문 해석

암벽 등반을 하기 전에 로프의 <u>느슨한</u> 부분을 단단히 조여 튼튼하고 안전한지 확인해야 한다.

선지 해석

① adaptive 조정의, 적응할 수 있는
② loose 느슨한, 풀린, 느슨하게 하다
③ maritime 바다의, 해양의, 해안의
④ firm 견고한, 딱딱한, 회사

정답 해설

암벽 등반하기 전에 로프가 튼튼한지 확인하고 단단히 조여야 한다는 문맥으로 보아 로프가 '느슨하다'는 내용이 자연스러우므로 빈칸에는 ②가 적절하다.

04 정답 ③

지문 해석

그녀는 모든 <u>합법적인</u> 절차를 따랐지만, 그녀의 신청서는 이유도 없이 여전히 거부되었다.

선지 해석

① abroad 해외에, 해외로
② fraudulent 사기를 치는
③ legal 합법적인, 법률의
④ wrong 틀린, 잘못된

정답 해설

주어진 문장에 역접을 나타내는 접속사 but이 있으므로 그녀의 신청서가 거부되었다는 내용과 반대되는 내용인 그녀는 '합법적인' 절차를 거쳤다고 하는 것이 자연스럽다. 따라서 빈칸에는 ③이 적절하다.

핵심 어휘

＊fraudulent ＝ fake, false, forged, spurious, fabricated, counterfeit, bogus

05 정답 ④

지문 해석

피고는 재판 내내 자신은 <u>결백하다고</u> 주장하며 자신이 잘못 고발되었다고 주장했다.

선지 해석

① comfortable 편안한, 쾌적한
② inland 내륙의, 국내의, 내륙에 있는
③ guilty 유죄의, 죄책감이 드는
④ innocence 무죄의, 결백한

정답 해설

피고 자신이 잘못 고발되었다고 주장한다는 문맥으로 보아 피고는 '결백하다'는 내용이 자연스러우므로 빈칸에는 ④가 적절하다.

06 정답 ①

지문 해석

노화 과정은 모든 사람이 받아들여야 하는 삶의 <u>불가피한</u> 부분이다.

선지 해석

① inevitable 불가피한, 필연적인
② statistical 통계의, 통계적인
③ regional 지방의, 지역의
④ upper 위쪽의, 상부의, 상급의

정답 해설

노화 과정을 모든 사람이 받아들여야 한다는 문맥으로 보아 노화 과정은 '불가피한' 부분이다라는 내용이 자연스러우므로 빈칸에는 ①이 적절하다.

07 정답 ③

지문 해석

특정 동물들은 야생에서 특정 독소로부터 자신을 보호하는 <u>면역</u> 반응을 발전시키면 진화해왔다.

선지 해석

① municipal 지방 자치제의, 시의
② industrial 산업의, 공업의
③ immune 면역성이 있는, 면역이 된
④ destroyed 파괴된, 소멸된, 회복 불능의

정답 해설

동물들은 야생에서 독소로부터 자신을 보호한다는 문맥으로 보아 동물들은 '면역' 반응을 발전시키면서 진화했다는 내용이 자연스러우므로 빈칸에는 ③이 적절하다.

08 정답 ④

지문 해석

그녀는 회사 행사에 <u>편안한</u> 복장을 입었는데, 이는 공식적인 행사라기보다는 편안한 모임이었다.

선지 해석

① autonomous 자주적인, 자치의
② homogeneous 동종의, 동질의
③ skeptical 의심 많은, 회의적인
④ informal 편안한, 격식에 얽매이지 않는

정답 해설

공식적인 행사라기보다는 편안한 모임이라는 문맥으로 보아 편안한 복장을 입고 행사에 참여한다는 내용이 자연스러우므로 빈칸에는 ④가 적절하다.

09 정답 ①

지문 해석

두 제품의 디자인이 <u>동일하여</u> 저작권 침해에 대한 논쟁이 일어났다.

선지 해석

① identical 동일한, 똑같은
② intermittent 간헐적인, 간간이 일어나는
③ trustworthy 신뢰할 수 있는
④ dissimilar 같지 않은, 다른

정답 해설

저작권 침해에 대한 논쟁이 일어났다는 문맥으로 보아 두 제품의 디자인이 '동일하다'는 내용이 자연스러우므로 빈칸에는 ①이 적절하다.

핵심 어휘

✳ intermittent = sporadic, scattered, occasional, irregular

10 정답 ③

지문 해석

급격한 가격 상승은 고객 반발로 이어질 수 있기 때문에 그들은 제품 가격을 <u>점진적으로</u> 인상하기로 결정했다.

선지 해석

① fast 빠른
② accountable 책임이 있는
③ gradual 점진적인, 단계적인
④ equivocal 모호한, 애매한

정답 해설

가격이 급격하게 상승하면 고객들이 반발할 수도 있다는 문맥으로 보아 가격을 '점진적으로' 올리기로 했다는 내용이 자연스러우므로 빈칸에는 ③이 적절하다.

핵심 어휘

✳ equivocal = unclear, obscure, vague, ambivalent, nebulous, ambiguous

11 정답 ②

지문 해석

그는 누군가 자신이 가장 아끼는 차를 훔쳤다는 사실을 알게 된 후 몹시 화났다.

선지 해석

① juvenile 청소년의, 청소년
② furious 몹시 화난, 맹렬한
③ pleasant 기분 좋은, 즐거운, 상냥한
④ recognized 잘 알려진, 인정받은

정답 해설

가장 아끼는 차를 도둑맞았다는 문맥으로 보아 그는 '매우 화가 났다'는 내용이 자연스러우므로 빈칸에는 ②가 적절하다.

12 정답 ②

지문 해석

기상청은 여름 동안 비가 <u>자주</u> 올 것으로 예상했지만, 기록상 가장 건조한 계절 중 하나가 되었다.

선지 해석

① armed 무장한, 무기[총]를 가진
② frequent 빈번한, 잦은
③ invincible 무적의, 이길 수 없는
④ uncommon 흔하지 않은, 드문

정답 해설

주어진 문장에 역접을 나타내는 접속부사 however가 있으므로 그 여름이 가장 건조한 계절 중 하나로 기록되었다는 내용과 반대되는 내용인 비가 '자주' 올 것으로 예상했다는 것이 자연스럽다. 따라서 빈칸에는 ②가 적절하다.

13 정답 ③

지문 해석

그는 세계에서 벌어지는 사건에 대한 정보를 얻기 위해 <u>외국</u> 신문 기사를 자주 읽는다.

선지 해석

① inadvertent 고의가 아닌, 우연한, 부주의한
② silent 침묵의, 말을 안 하는
③ foreign 외국의, 이질의
④ remote 외딴, 먼

정답 해설

세계에서 벌어지는 사건에 대한 정보를 얻는다는 문맥으로 보아 '외국'의 신문들을 자주 읽는다는 내용이 자연스러우므로 빈칸에는 ③이 적절하다.

핵심 어휘

* inadvertent 우연한 = accidental, incidental, unplanned, unintentional

14 정답 ①

지문 해석

화산 폭발은 심각한 환경 피해를 초래하여 몇몇 식물 종이 <u>멸종되었다.</u>

선지 해석

① extinct 멸종된, 사라진
② precocious 조숙한, 어른스러운
③ gloomy 우울한, 침울한
④ modest 보통의, 겸손한

정답 해설

화산 폭발로 인하여 심각한 환경 피해를 초래했다는 문맥으로 보아 몇몇 식물 종이 '멸종되었다'는 내용이 자연스러우므로 빈칸에는 ①이 적절하다.

핵심 어휘

* gloomy = mournful, depressed, melancholy

15 정답 ④

지문 해석

시계는 작은 부품들이 복잡하게 설계되어 있어서 시계 수리공은 <u>정교한</u> 수리 기술이 필요하다.

선지 해석

① benevolent 자비로운, 인정 많은, 인자한
② capricious 변덕스러운, 잘 변하는
③ clumsy 어설픈, 서투른
④ elaborate 정교한, 복잡한, 공들여 만들다, 상세하게 만들다

정답 해설

시계는 복잡하게 설계되어 있다는 문맥으로 보아 수리하려면 '정교한' 기술이 필요하다는 내용이 자연스러우므로 빈칸에는 ④가 적절하다.

핵심 어휘

* benevolent = beneficent, charitable
* capricious 변하기 쉬운 = unstable, volatile, changeable, erratic, fickle

16 정답 ②

지문 해석

건물의 <u>외부</u> 모습은 현대적이고 화려해 보이지만, 내부는 여전히 구식이다.

선지 해석

① arbitrary 임의적인, 제멋대로인
② exterior 외부의, 밖의
③ volatile 변덕스러운, 불안한, 휘발성의
④ nomadic 유목의, 방랑의

정답 해설

주어진 문장에 역접을 나타내는 접속사 although가 있으므로 건물의 내부는 구식이라는 내용과 반대되는 내용인 건물의 '외부'는 현대적이라고 하는 것이 자연스럽다. 따라서 빈칸에는 ②가 적절하다.

핵심 어휘

* arbitrary = unplanned, random, haphazard
* volatile 변덕스러운 = capricious, whimsical, fickle, changeable
  불안한 = unstable, unsettled, unsteady

17 정답 ④

지문 해석

그녀는 품질 보증이 길고 수리도 더 하기 쉬운 <u>국내</u>의 제품들을 수입품보다 더 선호한다.

선지 해석

① gullible 잘 속는, 남을 잘 믿는
② stained 얼룩이 묻은, 얼룩진
③ timid 소심한, 용기가 없는
④ domestic 가정의, 국내의, 길들여진

정답 해설

수입품보다 더 선호한다는 문맥으로 보아 수입품의 반대인 '국내' 제품들을 더 선호한다는 내용이 자연스러우므로 빈칸에는 ④가 적절하다.

핵심 어휘

＊ timid = shy, reserved, diffident

18 정답 ①

지문 해석

> 그 변호사는 형사 소송보다는 개인 및 재산 분쟁과 관련된 사건을 처리하는 <u>민사</u> 소송을 더 많이 처리한다.

선지 해석

① civil 시민의, 민사상의
② imprudent 경솔한, 조심성이 없는
③ reticent 말이 없는, 과묵한
④ rude 무례한, 버릇없는

정답 해설

개인 및 재산 분쟁과 관련된 사건이라는 문맥으로 보아 '민사' 소송을 더 많이 처리한다는 내용이 자연스러우므로 빈칸에는 ①이 적절하다.

핵심 어휘

＊ rude = insolent, impolite, impudent, impertinent

19 정답 ③

지문 해석

> 초대받은 파티장에 아는 사람이 아무도 없어서 나는 <u>어색한</u> 표정을 지으며 어쩔 줄 몰랐다.

선지 해석

① brittle 깨지기 쉬운
② mandatory 의무적인, 강제의, 법에 정해진
③ awkward 어색한, 서투른
④ trivial 사소한, 하찮은

정답 해설

파티장에 아는 사람이 아무도 없다는 문맥으로 보아 나는 어쩔 줄 몰라 하며 '어색한' 표정을 짓고 있다는 내용이 자연스러우므로 빈칸에는 ③이 적절하다.

핵심 어휘

＊ benign = kind, amiable, agreeable

20 정답 ②

지문 해석

> 이 골동품 가게는 <u>진품</u>의 수집을 전문으로 하지만, 그럼에도 불구하고 일부 품목은 현대적인 복제품으로 밝혀졌다.

선지 해석

① infantile 어린애 같은, 유치한
② authentic 진짜인, 진품의
③ punctual 시간을 지키는[엄수하는]
④ counterfeit 가짜의, 위조의

정답 해설

주어진 문장에 역접을 나타내는 접속부사 nevertheless가 있으므로 일부 품목은 복제품이라는 내용과 반대되는 내용인 진품의 수집을 전문으로 한다고 하는 것이 자연스럽다. 따라서 빈칸에는 ②가 적절하다.

핵심 어휘

＊ authentic = real, genuine
＊ counterfeit = fake, false, forged, fraudulent, fabricated, bogus, spurious

어휘 실력 강화 연습문제 06회 REVIEW TEST

01

▦	nasty	끔찍한, 못된
▦	structural	구조상의, 구조적인
▦	maternal	어머니의, 모성의, 모계의
▦	infectious	전염성의, 전염되는

02

▦	precise	정확한, 세심한, 꼼꼼한
▦	deaf	귀가 먹은, 청각 장애가 있는
▦	mental	정신적인
▦	elderly	연세가 드신, 어르신들

03

▦	adaptive	조정의, 적응할 수 있는
▦	loose	느슨한, 풀린, 느슨하게 하다
▦	maritime	바다의, 해양의, 해안의
▦	firm	견고한, 딱딱한, 회사

04

▦	abroad	해외에, 해외로
▦	fraudulent	사기를 치는
▦	legal	합법적인, 법률의
▦	wrong	틀린, 잘못된

05

▦	comfortable	편안한, 쾌적한
▦	inland	내륙의, 국내의, 내륙에 있는
▦	guilty	유죄의, 죄책감이 드는
▦	innocence	무죄의, 결백한

06

▦	inevitable	불가피한, 필연적인
▦	statistical	통계의, 통계적인
▦	regional	지방의, 지역의
▦	upper	위쪽의, 상부의, 상급의

07

▦	municipal	지방 자치제의, 시의
▦	industrial	산업의, 공업의
▦	immune	면역성이 있는, 면역이 된
▦	destroyed	파괴된, 소멸된, 회복 불능의

08

▦	autonomous	자주적인, 자치의
▦	homogeneous	동종의, 동질의
▦	skeptical	의심 많은, 회의적인
▦	informal	편안한, 격식에 얽매이지 않는

06

09

■	identical	동일한, 똑같은
■	intermittent	간헐적인, 간간이 일어나는
■	trustworthy	신뢰할 수 있는
■	dissimilar	같지 않은, 다른

10

■	fast	빠른
■	accountable	책임이 있는
■	gradual	점진적인, 단계적인
■	equivocal	모호한, 애매한

11

■	juvenile	청소년의, 청소년
■	furious	몹시 화난, 맹렬한
■	pleasant	기분 좋은, 즐거운, 상냥한
■	recognized	잘 알려진, 인정받은

12

■	armed	무장한, 무기[총]를 가진
■	frequent	빈번한, 잦은
■	invincible	무적의, 이길 수 없는
■	uncommon	흔하지 않은, 드문

13

■	inadvertent	고의가 아닌, 우연한, 부주의한
■	silent	침묵의, 말을 안 하는
■	foreign	외국의, 이질의
■	remote	외딴, 먼

14

■	extinct	멸종된, 사라진
■	precocious	조숙한, 어른스러운
■	gloomy	우울한, 침울한
■	modest	보통의, 겸손한

15

■	benevolent	자비로운, 인정 많은, 인자한
■	capricious	변덕스러운, 잘 변하는
■	clumsy	어설픈, 서투른
■	elaborate	정교한, 복잡한, 공들여 만들다, 상세하게 만들다

16

■	arbitrary	임의적인, 제멋대로인
■	exterior	외부의, 밖의
■	volatile	변덕스러운, 불안한, 휘발성의
■	nomadic	유목의, 방랑의

17

■ gullible   잘 속는, 남을 잘 믿는

■ stained   얼룩이 묻은, 얼룩진

■ timid   소심한, 용기가 없는

■ domestic   가정의, 국내의, 길들여진

18

■ civil   시민의, 민사상의

■ imprudent   경솔한, 조심성이 없는

■ reticent   말이 없는, 과묵한

■ rude   무례한, 버릇없는

19

■ brittle   깨지기 쉬운

■ mandatory   의무적인, 강제의, 법에 정해진

■ awkward   어색한, 서투른

■ trivial   사소한, 하찮은

20

■ infantile   어린애 같은, 유치한

■ authentic   진짜인, 진품의

■ punctual   시간을 지키는[엄수하는]

■ counterfeit   가짜의, 위조의

06

어휘 실력 강화 연습문제 정답 및 해설

01 정답 ④

지문 해석

그녀는 사진 촬영을 위해 자연광보다 스튜디오의 인공적인 조명을 선호했다.

선지 해석

① incorrect 부정확한, 맞지 않는
② impolite 무례한
③ heedless 세심한 주의를 기울이지 않는
④ artificial 인공적인, 모조의

정답 해설

사진 촬영을 할 때 자연광보다 더 선호한다는 문맥으로 보아 자연광의 반대인 '인공적인' 조명을 선호한다는 내용이 자연스러우므로 빈칸에는 ④가 적절하다.

핵심 어휘

＊ impolite ＝ rude, insolent, impudent, impertinent

02 정답 ②

지문 해석

사고 후 자동차의 손상은 분명했으며, 여러 개의 움푹 들어간 곳과 긁힌 자국이 선명하게 보였다.

선지 해석

① hypocritical 위선의, 위선적인
② apparent 분명한, 명백한
③ momentary 순간적인, 잠깨[찰나]의
④ vague 모호한, 희미한

정답 해설

사고 후에 자동차에 움푹 들어간 곳과 긁힌 자국이 선명하게 보인다는 문맥으로 보아 자동차 손상이 '분명히' 생겼다는 내용이 자연스러우므로 빈칸에는 ②가 적절하다.

핵심 어휘

＊ vague ＝ unclear, obscure, equivocal, ambivalent, nebulous, ambiguous

03 정답 ③

지문 해석

잘못된 정보의 확산은 정당한 뉴스 출처에 대한 신뢰를 약화시킬 수 있다.

선지 해석

① intensify 강화하다, 심화시키다
② reckon 간주하다, 여기다, 생각하다, 계산하다
③ undermine 약화시키다, 훼손하다
④ improve 나아지다, 개선하다, 향상시키다

정답 해설

잘못된 정보가 확산한다는 문맥으로 보아 뉴스의 신뢰가 '약화된다'는 내용이 자연스러우므로 빈칸에는 ③이 적절하다.

핵심 어휘

＊ undermine ＝ weaken
＊ intensify ＝ strengthen, reinforce, consolidate, solidify, bolster, beef up, shore up

04 정답 ②

지문 해석

낙상 사고를 당한 환자가 일반적으로 사람을 죽일 만큼의 피를 많이 흘렸지만, 그가 아직 살아 있는 것을 확인한 의사는 즉시 수술을 진행했다.

선지 해석

① affluent 부유한, 유복한
② alive 살아 있는
③ needy 어려운, 궁핍한
④ sagacious 현명한, 총명한

정답 해설

주어진 문장에 역접을 나타내는 접속사 although가 있으므로 환자가 죽을 정도로 많은 피를 흘렸다는 내용과 반대되는 내용인 그는 아직 '살아 있다'고 하는 것이 자연스럽다. 따라서 빈칸에는 ②가 적절하다.

핵심 어휘

＊ affluent ＝ prosperous, wealthy, rich, opulent, well-off, well to do, made of money

05 정답 ①

지문 해석

그 현명한 고속도로 관리자는 터널에서 사고가 특히 빈번해서 운전자는 터널 내부에서 속도를 줄여야 한다고 경고했다.

선지 해석
① warn 경고하다
② dilute 희석시키다, 약화시키다
③ object 반대하다, 물건, 물체
④ scribble 갈겨쓰다

정답 해설
터널에서는 사고가 유독 많이 발생한다는 문맥으로 보아 터널에서는 속도를 줄여야 한다고 '경고했다'는 내용이 자연스러우므로 빈칸에는 ①이 적절하다.

핵심 어휘
＊ dilute ＝ water down, weaken

06 정답 ④

지문 해석
성경을 제외하고 '어린 왕자'라는 제목의 소설이 전 세계에서 가장 많은 언어로 번역되었다.

선지 해석
① recede (서서히) 물러나다[멀어지다], 약해지다, 희미해지다
② ferment 발효시키다, 발효하다, 효모, 동요
③ vanish 사라지다, 없어지다
④ translate 번역하다, 해석하다, 설명하다

정답 해설
'어린 왕자'라는 제목의 소설이라는 문맥으로 보아 가장 많은 언어로 '번역되었다'는 내용이 자연스러우므로 빈칸에는 ④가 적절하다.

07 정답 ②

지문 해석
2주 동안 학교에 나오지 못한 학생은 의사의 진단서와 수술 기록지를 제출하지 않아 결석으로 처리되었다.

선지 해석
① secure 안전한, 얻어 내다, 획득하다, 안전하게 하다
② absent 부재한, 결석한
③ pertinent 적절한, 관련 있는
④ diligent 근면한, 성실한

정답 해설
의사의 진단서와 수술 기록지를 제출하지 않았다는 문맥으로 보아 학생은 '결석으로' 처리로 되었다는 내용이 자연스러우므로 빈칸에는 ②가 적절하다.

핵심 어휘
＊ diligent ＝ hardworking, industrious

08 정답 ①

지문 해석
그 약물은 효과가 좋다고 알려졌지만, 몇몇 사람들에게는 메스꺼움과 현기증을 포함한 부정적인 반응을 일으키기도 했다.

선지 해석
① adverse 불리한, 부정적인
② germane 밀접한 관련이 있는, 적절한
③ effective 효과적인
④ superior 우수한, 상급의, 상관

정답 해설
주어진 문장에 역접을 나타내는 접속부사 however가 있으므로 그 약물이 효과가 좋다는 내용과 반대되는 내용인 약에 '부정적인' 효과가 있다고 하는 것이 자연스럽다. 따라서 빈칸에는 ①이 적절하다.

핵심 어휘
＊ germane ＝ relevant, related, appropriate, proper, to the point, pertinent

09 정답 ③

지문 해석
도시 재건 계획은 방치된 지역을 활기차고 번창하는 지역 사회로 바꿀 수 있다.

선지 해석
① bargain 협상[흥정]하다, 싸게 산 물건, 흥정
② preclude 막다, 방지하다, 제외하다
③ transform 변형시키다, 바꾸다
④ distress 고통스럽게 하다, 고통, 고민

정답 해설
도시 재건 계획이라는 문맥으로 보아 방치된 지역이 '바뀐다'는 내용이 자연스러우므로 빈칸에는 ③이 적절하다.

핵심 어휘
＊ preclude ＝ exclude, rule out, factor out

10 정답 ③

지문 해석
그녀는 사건 동안 본 것에 대해 법정에서 증언하도록 소환되었다.

선지 해석
① digress 벗어나다, 탈선하다
② esteem 존경[존중]하다, 존경
③ testify 증언하다, 입증하다
④ surrender 항복[굴복]하다, (권리 등을) 포기하다, 항복[굴복]

정답 해설
법정에 소환되었다는 문맥으로 보아 그녀가 '증언한다'는 내용이 자연스러우므로 빈칸에는 ③이 적절하다.

핵심 어휘
＊ surrender 항복[굴복]하다 ＝ give in, succumb
　　　　　 (권리 등을) 포기하다 ＝ relinquish

11 정답 ①

지문 해석

집주인은 세입자가 제때에 임대료를 지불하지 않으면 임대 계약을 <u>종료할</u> 권리가 있다.

선지 해석

① terminate 종료하다, 끝내다
② barter 물물 교환하다
③ swindle 사기치다, 사취하다
④ deceive 속이다, 기만하다

정답 해설

세입자가 약속된 기간에 임대료를 지불하지 않는다는 문맥으로 보아 집주인은 임대 계약을 '종료할' 수 있다는 내용이 자연스러우므로 빈칸에는 ①이 적절하다.

12 정답 ③

지문 해석

폭우로 강이 <u>불어나기</u> 시작하며 인근 지역에 홍수를 일으켰다.

선지 해석

① redress 바로잡다, 시정하다, 보상하다
② enroll 등록하다, 입학하다, 입대하다
③ swell 붓다, 부풀다, 부어오르다
④ dry 마르다, 말리다, 마른, 건조한

정답 해설

폭우로 인해 홍수가 일어났다는 문맥으로 보아 홍수 때문에 강이 '불어났다'는 내용이 자연스러우므로 빈칸에는 ③이 적절하다.

13 정답 ④

지문 해석

회사의 행동 수칙을 위반한 후 그는 2주 동안 직장에서 <u>정직당했다</u>.

선지 해석

① recommend 추천하다, 권고하다
② emulate 모방하다, 경쟁하다, 겨루다
③ extol 칭찬하다, 극찬하다
④ suspend 정직[정학]시키다, 연기하다, 중단하다, 매달다

정답 해설

회사의 행동 수칙을 위반했다는 문맥으로 보아 그는 회사에서 '정직당했다'는 내용이 자연스러우므로 빈칸에는 ④가 적절하다.

핵심 어휘

* emulate = imitate, copy, mimic

14 정답 ④

지문 해석

교통 체증을 피하기 위해 평소보다 일찍 출발한다고 <u>가정하면</u>, 우리는 목적지에 제시간에 도착할 수 있을 것이다.

선지 해석

① eschew 피하다, 삼가다
② elude 피하다
③ relinquish 포기하다, 버리다
④ suppose 가정하다, 추측하다

정답 해설

목적지에 제시간에 도착할 수 있다는 문맥으로 보아 평소보다 일찍 출발한다고 '가정한다'는 내용이 자연스러우므로 빈칸에는 ④가 적절하다.

핵심 어휘

* eschew = avoid, avert, evade, shun, dodge, head off, ward off, stave off, steer clear of

15 정답 ①

지문 해석

전쟁으로 황폐화된 지역의 많은 어린이들이 식량 지원 부족으로 <u>굶어 죽을</u> 위험에 처해 있다.

선지 해석

① starve 굶주리다, 굶기다, 굶어 죽다
② dissimulate 감추다, 숨기다, 위장하다
③ rotate 회전하다, 교대로 하다, 자전하다, 윤작하다
④ swear 맹세하다, 욕을 하다

정답 해설

전쟁으로 황폐화된 지역에서 식량이 부족하다는 문맥으로 보아 어린이들이 '굶어 죽을' 위험에 처해 있다는 내용이 자연스러우므로 빈칸에는 ①이 적절하다.

핵심 어휘

* swear 맹세하다 = vow, pledge

16 정답 ②

지문 해석

처음에는 스웨터가 너무 컸지만, 세탁 후에는 상당히 <u>줄어들었다</u>.

선지 해석

① peculate 횡령하다
② shrink 줄어들다, 오그라들다
③ revamp 개조[개정]하다, 개편하다
④ abhor 혐오하다, 몹시 싫어하다

정답 해설

주어진 문장에 역접을 나타내는 접속사 though가 있으므로 스웨터가 처음에는 컸다는 내용과 반대되는 내용인 크기가 상당히 '줄어들었다'라고 하는 것이 자연스럽다. 따라서 빈칸에는 ②가 적절하다.

핵심 어휘

* abhor = detest, loathe, hate

17 정답 ②

지문 해석

충분한 범죄 증거를 확보한 후, 형사들은 용의자를 그의 집에서 체포할 수 있었다.

선지 해석

① burden 부담[짐]을 지우다, 짐을 나르다, 부담, 짐
② seize 체포하다, 장악하다, 움켜잡다, 붙잡다
③ replenish 다시 채우다, 보충하다
④ award 수여하다, 상

정답 해설

범죄 증거를 충분히 확보했다는 문맥으로 보아 용의자를 집에서 '체포했다'는 내용이 자연스러우므로 빈칸에는 ②가 적절하다.

핵심 어휘

＊ replenish ＝ fill up, top up

18 정답 ③

지문 해석

프로젝트는 자금으로 인해 잠시 중단되었지만, 투자금을 확보하여 다음 주에 작업을 재개할 준비가 되었다.

선지 해석

① charm 매혹[매료]하다, 매력
② sway 흔들다, 동요시키다
③ resume 재개하다, 다시 시작하다
④ eliminate 없애다, 제거하다

정답 해설

주어진 문장에 역접을 나타내는 접속사 but이 있으므로 자금이 부족해 프로젝트가 잠시 중단됐다는 내용과 반대되는 내용인 작업을 '재개할 수 있다고 하는 것이 자연스럽다. 따라서 빈칸에는 ③이 적절하다.

핵심 어휘

＊ eliminate ＝ erase, delete, remove, obliterate, efface, expunge, wipe out, cross out, scratch out

19 정답 ④

지문 해석

그 영양사는 당뇨병을 예방하기 위해 설탕이 과도하게 함유된 음식의 섭취를 제한할 것을 조언했다.

선지 해석

① promote 촉진하다, 홍보하다, 승진시키다
② encourage 격려하다, 용기를 북돋우다
③ facilitate 촉진[조장]하다, 가능하게[용이하게] 하다
④ restrict 제한하다, 한정하다

정답 해설

당뇨병을 예방한다는 문맥으로 보아 설탕이 과도하게 함유된 음식의 섭취를 '제한해야' 한다는 내용이 자연스러우므로 빈칸에는 ④가 적절하다.

핵심 어휘

＊ facilitate ＝ expedite, accelerate, precipitate

20 정답 ②

지문 해석

우리는 온라인으로 렌터카를 예약했지만, 차량을 찾으러 갔을 때 이용 가능한 차가 없다고 들었다.

선지 해석

① exclude 제외하다, 배제하다
② reserve 예약하다, 비축하다, 유보하다
③ wane 약해지다, 줄어들다
④ neglect 등한시하다, 소홀히 하다

정답 해설

주어진 문장에 역접을 나타내는 접속사 though가 있으므로 차량을 찾으러 갔을 때 이용 가능한 차가 없다는 내용과 반대되는 내용인 온라인으로 렌터카를 '예약했다'고 하는 것이 자연스럽다. 따라서 빈칸에는 ②가 적절하다.

핵심 어휘

＊ mimic ＝ imitate, copy, emulate

07

어휘 실력 강화 연습문제 07회 REVIEW TEST

01

- incorrect   부정확한, 맞지 않는
- impolite   무례한
- heedless   세심한 주의를 기울이지 않는
- artificial   인공적인, 모조의

02

- hypocritical   위선의, 위선적인
- apparent   분명한, 명백한
- momentary   순간적인, 잠깐[찰나]의
- vague   모호한, 희미한

03

- intensify   강화하다, 심화시키다
- reckon   간주하다, 여기다, 생각하다, 계산하다
- undermine   약화시키다, 훼손하다
- improve   나아지다, 개선하다, 향상시키다

04

- affluent   부유한, 유복한
- alive   살아 있는
- needy   어려운, 궁핍한
- sagacious   현명한, 총명한

05

- warn   경고하다
- dilute   희석시키다, 약화시키다
- object   반대하다, 물건, 물체
- scribble   갈겨쓰다

06

- recede   (서서히) 물러나다[멀어지다], 약해지다, 희미해지다
- ferment   발효시키다, 발효하다, 효모, 동요
- vanish   사라지다, 없어지다
- translate   번역하다, 해석하다, 설명하다

07

- secure   안전한, 얻어 내다, 획득하다, 안전하게 하다
- absent   부재한, 결석한
- pertinent   적절한, 관련 있는
- diligent   근면한, 성실한

08

- adverse   불리한, 부정적인
- germane   밀접한 관련이 있는, 적절한
- effective   효과적인
- superior   우수한, 상급의, 상관

09

■	bargain	협상[흥정]하다, 싸게 산 물건, 흥정
■	preclude	막다, 방지하다, 제외하다
■	transform	변형시키다, 바꾸다
■	distress	고통스럽게 하다, 고통, 고민

10

■	digress	벗어나다, 탈선하다
■	esteem	존경[존중]하다, 존경
■	testify	증언하다, 입증하다
■	surrender	항복[굴복]하다, (권리 등을) 포기하다, 항복[굴복]

11

■	terminate	종료하다, 끝내다
■	barter	물물 교환하다
■	swindle	사기치다, 사취하다
■	deceive	속이다, 기만하다

12

■	redress	바로잡다, 시정하다, 보상하다
■	enroll	등록하다, 입학하다, 입대하다
■	swell	붓다, 부풀다, 부어오르다
■	dry	마르다, 말리다, 마른, 건조한

13

■	recommend	추천하다, 권고하다
■	emulate	모방하다, 경쟁하다, 겨루다
■	extol	칭찬하다, 극찬하다
■	suspend	정직[정학]시키다, 연기하다, 중단하다, 매달다

14

■	eschew	피하다, 삼가다
■	elude	피하다
■	relinquish	포기하다, 버리다
■	suppose	가정하다, 추측하다

07

15

■	starve	굶주리다, 굶기다, 굶어 죽다
■	dissimulate	감추다, 숨기다, 위장하다
■	rotate	회전하다, 교대로 하다, 자전하다, 윤작하다
■	swear	맹세하다, 욕을 하다

16

■	peculate	횡령하다
■	shrink	줄어들다, 오그라들다
■	revamp	개조[개정]하다, 개편하다
■	abhor	혐오하다, 몹시 싫어하다

17

■ burden   부담[짐]을 지우다, 짐을 나르다, 부담, 짐

■ seize   체포하다, 장악하다, 움켜잡다, 붙잡다

■ replenish   다시 채우다, 보충하다

■ award   수여하다, 상

18

■ charm   매혹[매료]하다, 매력

■ sway   흔들다, 동요시키다

■ resume   재개하다, 다시 시작하다

■ eliminate   없애다, 제거하다

19

■ promote   촉진하다, 홍보하다, 승진시키다

■ encourage   격려하다, 용기를 북돋우다

■ facilitate   촉진[조장]하다, 가능하게[용이하게] 하다

■ restrict   제한하다, 한정하다

20

■ exclude   제외하다, 배제하다

■ reserve   예약하다, 비축하다, 유보하다

■ wane   약해지다, 줄어들다

■ neglect   등한시하다, 소홀히 하다

어휘 실력 강화 연습문제 정답 및 해설

01 정답 ④

지문 해석

그 여자는 외모와 성격이 모두 어머니를 닮아서 처음 만나는 사람들도 그들이 가족임을 알 수 있었다.

선지 해석

① cast 던지다, 출연자들
② erode 침식[풍화]시키다[되다], 약화시키다[되다]
③ admonish 충고하다, 꾸짖다
④ resemble 닮다, 비슷하다

정답 해설

처음 보는 사람들도 가족임을 알 수 있었다는 문맥으로 보아 그 여자는 어머니와 '닮았다'는 내용이 자연스러우므로 빈칸에는 ④가 적절하다.

핵심 어휘

∗ admonish 충고하다 = advise, exhort

02 정답 ①

지문 해석

그 회사는 보증 기간 동안 결함이 있는 기계를 추가 비용 없이 교체해 줄 것이다.

선지 해석

① replace 대신하다, 교체하다
② destroy 파괴하다
③ devour 게걸스럽게 먹다
④ shelve 보류하다

정답 해설

제품의 보증 기간이 있다는 문맥으로 보아 결함이 있으면 '교체해' 준다는 내용이 자연스러우므로 빈칸에는 ①이 적절하다.

핵심 어휘

∗ replace = exchange, substitute, switch, stand in for, fill in for, take the place of

03 정답 ③

지문 해석

이사한 후, 30일 이내에 주민 센터에 가서 반드시 새로운 주소를 등록해야 한다.

선지 해석

① concoct 지어내다, 꾸며 내다
② dignify 위엄을 갖추다, 위엄있게 하다
③ register 등록하다, 기록부, 명부
④ falsify 위조하다

정답 해설

다른 곳으로 이사 후 주민 센터를 간다는 문맥으로 보아 새로운 주소를 '등록해야' 한다는 내용이 자연스러우므로 빈칸에는 ③이 적절하다.

핵심 어휘

∗ falsify 위조하다 = fake, forge, fabricate

04 정답 ④

지문 해석

홍수로 심각한 피해를 입었음에도 불구하고, 그 마을은 많은 사람들의 도움을 받아 1년 안에 회복하고 재건할 수 있었다.

선지 해석

① reveal 드러내다, 폭로하다
② reject 거부하다, 거절하다
③ repudiate 거부하다, 부인하다
④ recover 회복하다, 되찾다

정답 해설

주어진 문장에 역접을 나타내는 전치사 despite가 있으므로 홍수로 심각한 피해를 입었다는 내용과 반대되는 내용인 마을이 '회복했다'라고 하는 것이 자연스럽다. 따라서 빈칸에는 ④가 적절하다.

핵심 어휘

∗ reject 거절하다 = refuse, decline, turn down

05 정답 ①

지문 해석

부모는 자녀가 잘못된 행동을 했을 때는 화를 표출하기 보다는 올바른 행동을 가르치기 위한 목적으로 처벌해야 한다.

선지 해석

① punish 처벌하다
② betray 배신하다, 넘겨주다
③ disguise 변장하다, 위장하다, 변장, 가장
④ court 구애하다, 법정, (테니스 등을 하는) 코트

08

정답 해설

자녀가 잘못했을 때 부모가 올바른 행동을 가르친다는 문맥으로 보아 '처벌해야' 한다는 내용이 자연스러우므로 빈칸에는 ①이 적절하다.

핵심 어휘

* disguise = camouflage

06 정답 ②

지문 해석

영어 선생님은 학생들에게 새로운 단어를 발음하면서 외우면 더 효과가 있다고 알려줬다.

선지 해석

① degrade 비하하다, 저하시키다
② pronounce 발음하다, 선언하다
③ compliment 칭찬하다, 증정하다
④ dull 둔해지다, 약해지다, 따분한, 둔한

정답 해설

단어를 외울 때 더 효과가 있다는 문맥으로 보아 단어를 '발음하면서' 외워야 한다는 내용이 자연스러우므로 빈칸에는 ②가 적절하다.

핵심 어휘

* compliment 칭찬하다 = praise

07 정답 ②

지문 해석

현재 거의 모든 공공 건물에서 흡연이 금지되어 있고 이를 위반 시 과태료 부과하고 있다.

선지 해석

① fade 바래다, 희미해지다, 사라지다
② prohibit 금지하다
③ permit 허용하다, 허락하다, 가능하게 하다
④ nurture 양육하다, 양성하다

정답 해설

위반할 경우 과태료를 부과한다는 문맥으로 보아 공공 건물에서는 흡연이 '금지되어' 있다는 내용이 자연스러우므로 빈칸에는 ②가 적절하다.

핵심 어휘

* prohibit = restrain, curb, check, prevent

08 정답 ③

지문 해석

그들은 데이터 유출을 막기 위해 추가 보안을 적용했지만, 민감한 정보가 여전히 유출되었다.

선지 해석

① allow 허락하다, 허용하다
② delegate 위임하다, 대표로 파견하다, 대표, 사절
③ prevent 막다, 예방하다
④ afflict 괴롭히다, 시달리게 하다

정답 해설

주어진 문장에 역접을 나타내는 접속사 but이 있으므로 정보가 유출되고 있다는 내용과 반대되는 내용인 유출을 '막기'위해 노력했다는 것이 자연스럽다. 따라서 빈칸에는 ③이 적절하다.

핵심 어휘

* prevent 막다 = restrain, curb, check, prohibit

09 정답 ①

지문 해석

각 지역 시민 단체들은 본인 지역에 쓰레기 매립지가 건설되는 것을 반대하고 계획에 따른 행정적 협조도 거부한다.

선지 해석

① oppose 반대하다, 겨루다
② refund 환불하다, 상환하다, 환불
③ supplement 보충하다, 추가하다, 보충[추가]물
④ linger 남다, 꾸물거리다

정답 해설

계획에 따른 협조도 거부한다는 문맥으로 보아 쓰레기 매립지 건설을 '반대한다'는 내용이 자연스러우므로 빈칸에는 ①이 적절하다.

핵심 어휘

* supplement = complement

10 정답 ③

지문 해석

생태학자들은 야생 동물들의 자연 서식지에서 며칠 동안 머물며 야생 동물의 행동을 관찰하고 생활 패턴을 연구한다.

선지 해석

① suppress 억누르다, 진압하다
② curb 억제[제한]하다
③ observe 관찰하다, 지키다, 준수하다
④ diminish 줄어들다, 약해지다

정답 해설

자연 서식지에서 야생 동물들의 생활 패턴을 연구한다는 문맥으로 보아 야생 동물들의 행동을 관찰한다는 내용이 자연스러우므로 빈칸에는 ③이 적절하다.

핵심 어휘

* curb = limit, control, check, restrain, restrict, suppress, inhibit, hinder
* diminish = lower, reduce, decrease, lessen, shorten, curtail, cut back

11 정답 ②

지문 해석

대통령은 각 행정부 부처의 장관을 임명할 수 있는 고유의 권한을 가지고 있다.

선지 해석

① disparage 폄하하다, 얕보다, 헐뜯다
② appoint 임명하다, 지명하다
③ codify 성문화하다
④ depict 묘사하다, 그리다

정답 해설

대통령이 행정부 부처의 장관에 대한 고유의 권한을 가지고 있다는 문맥으로 보아 대통령이 장관들을 '임명할' 수 있다는 내용이 자연스러우므로 빈칸에는 ②가 적절하다.

핵심 어휘

＊ disparage ＝ belittle, depreciate, put down, make light of

12 정답 ④

지문 해석

의장은 두 당사자 간의 갈등을 중재하려고 노력했지만 의견 차이는 오히려 심해졌다.

선지 해석

① support 지지하다, 옹호하다
② hustle 재촉하다
③ plead 탄원하다, 애원하다, 변호하다
④ mediate 중재하다, 조정하다

정답 해설

주어진 문장에 역접을 나타내는 접속부사 however가 있으므로 두 당사자 간의 의견 차이가 심해졌다는 내용과 반대되는 내용인 두 당사자 간의 갈등을 중재하려고 노력했다는 것이 자연스럽다. 따라서 빈칸에는 ④가 적절하다.

13 정답 ①

지문 해석

프로젝트 마감일이 점차 다가옴에 따라 처리해야 할 일이 너무 많아서 마감일에 대한 압박이 증가하기 시작했다.

선지 해석

① mount 증가하다, 오르다
② lessen 줄다, 줄이다
③ quarrel 싸우다, 언쟁하다, 말다툼, 언쟁
④ disappear 사라지다

정답 해설

마감일이 다가오지만 아직 처리해야 할 일이 많이 남았다는 문맥으로 보아 마감일에 대한 압박이 '증가한다'는 내용이 자연스러우므로 빈칸에는 ①이 적절하다.

핵심 어휘

＊ lessen ＝ lower, reduce, decrease, diminish, shorten, curtail, cut back

14 정답 ④

지문 해석

많은 어류 종들이 알을 낳기 위해 상류로 이동하며 도중에 수많은 장애물을 극복한다.

선지 해석

① equate 동일시하다
② renounce 포기하다, 그만두다, 버리다
③ conciliate 달래다, 회유하다
④ migrate 이동하다, 이주하다

정답 해설

많은 어류 종들이 수많은 장애물을 극복하며 알을 낳는다는 문맥으로 보아 물고기들이 상류로 '이동한다'는 내용이 자연스러우므로 빈칸에는 ④가 적절하다.

핵심 어휘

＊ renounce ＝ abandon, abdicate, relinquish, forgo, waive, give up

15 정답 ③

지문 해석

질병의 확산을 막기 위해 정부는 감염된 환자들을 격리 시설에 분리하기로 결정했다.

선지 해석

① dump 버리다, 폐기장
② overlap 겹치다, 포개다
③ isolate 분리하다, 고립시키다
④ threaten 위협하다, 협박하다

정답 해설

질병의 확산을 막기 위해라는 문맥으로 보아 감염된 환자들을 격리 시설로 따로 '분리해야 한다'는 내용이 자연스러우므로 빈칸에는 ③이 적절하다.

핵심 어휘

＊ threaten ＝ scare, browbeat, daunt, menace, intimidate

16 정답 ③

지문 해석

새로운 정책은 운영을 간소화하기 위한 것이었지만, 복잡한 절차로 인해 직원들은 더욱 짜증을 냈다.

선지 해석

① stabilize 안정[고정]시키다
② burrow 굴을 파다, 파고들다
③ irritate 짜증나게 하다, 거슬리다
④ confer 상의하다, 수여하다

정답 해설

주어진 문장에 역접을 나타내는 접속부사 nevertheless가 있으므로 운영을 간소화하기 위한 정책이 있다라는 내용과 반대되는 내용인 직원들이 '짜증을 냈다'라고 하는 것이 자연스럽다. 따라서 빈칸에는 ③이 적절하다.

핵심 어휘

＊ irritate 화나게 하다 ＝ infuriate, incense, enrage, provoke

17 정답 ④

지문 해석

컴퓨터 바이러스가 네트워크에 <u>침입하</u>면 컴퓨터 속도가 느려질 뿐만 아니라 개인 정보가 유출될 위험이 크게 증가한다.

선지 해석

① reimburse 배상하다, 변제하다
② forbid 금지하다
③ boast 뽐내다, 자랑하다
④ invade 침입하다, 침해하다

정답 해설

컴퓨터 속도가 느려지고 개인 정보가 유출된다는 문맥으로 보아 바이러스가 컴퓨터에 '침입한다'는 내용이 자연스러우므로 빈칸에는 ④가 적절하다.

핵심 어휘

* forbid = prohibit, proscribe, ban, bar, embargo, veto

18 정답 ④

지문 해석

예술 작품을 <u>해석하는</u> 방법은 개인의 관점에 따라 크게 달라질 수 있다.

선지 해석

① wreck 난파시키다, 조난시키다, 난파, 조난, 잔해
② discourage 낙담시키다, 좌절시키다
③ discard 버리다, 폐기하다
④ interpret 해석하다, 이해하다

정답 해설

개인의 관점에 따라 달라질 수 있다는 문맥으로 보아 예술 작품을 '해석한다'는 내용이 자연스러우므로 빈칸에는 ④가 적절하다.

핵심 어휘

* discourage = disappoint, let down

19 정답 ①

지문 해석

공무원은 민원인들과 친절하게 <u>상호 작용하</u>고, 따뜻한 방식으로 대화하며, 그들을 돕기 위해 노력해야 한다.

선지 해석

① interact 상호 작용하다, 소통하다
② voyage 여행하다, 항해하다, 여행, 항해
③ twist 구부리다, 비틀다, 돌리기, 전환
④ trouble 괴롭히다, 애 먹이다, 골칫거리, 문제

정답 해설

공무원은 민원인들과 따뜻한 방식으로 대화한다는 문맥으로 보아 친절하게 '상호 작용해야' 한다는 내용이 자연스러우므로 빈칸에는 ①이 적절하다.

20 정답 ②

지문 해석

그들은 이번 달에 합병 협상을 <u>시작할</u> 계획이었지만 양측의 의견 차이로 인해 협상이 연기되었다.

선지 해석

① torture 고문하다, 고문
② initiate 개시하다, 시작하다
③ stitch 꿰매다, 바늘 한 땀
④ smash 박살내다, 부딪치다, 충돌 사고

정답 해설

주어진 문장에 역접을 나타내는 접속부사 nevertheless가 있으므로 의견 차이로 협상이 연기되었다라는 내용과 반대되는 내용인 처음에는 협상을 '시작할' 계획이었다라고 하는 것이 자연스럽다. 따라서 빈칸에는 ②가 적절하다.

핵심 어휘

* initiate 시작하다 = start, launch, commence

어휘 실력 강화 연습문제 08회 REVIEW TEST

01

■	cast	던지다, 출연자들
■	erode	침식[풍화]시키다[되다], 약화시키다[되다]
■	admonish	충고하다, 꾸짖다
■	resemble	닮다, 비슷하다

02

■	replace	대신하다, 교체하다
■	destroy	파괴하다
■	devour	게걸스럽게 먹다
■	shelve	보류하다

03

■	concoct	지어내다, 꾸며 내다
■	dignify	위엄을 갖추다, 위엄있게 하다
■	register	등록하다, 기록부, 명부
■	falsify	위조하다

04

■	reveal	드러내다, 폭로하다
■	reject	거부하다, 거절하다
■	repudiate	거부하다, 부인하다
■	recover	회복하다, 되찾다

05

■	punish	처벌하다
■	betray	배신하다, 넘겨주다
■	disguise	변장하다, 위장하다, 변장, 가장
■	court	구애하다, 법정, (테니스 등을 하는) 코트

06

■	degrade	비하하다, 저하시키다
■	pronounce	발음하다, 선언하다
■	compliment	칭찬하다, 증정하다
■	dull	둔해지다, 약해지다, 따분한, 둔한

07

■	fade	바래다, 희미해지다, 사라지다
■	prohibit	금지하다
■	permit	허용하다, 허락하다, 가능하게 하다
■	nurture	양육하다, 양성하다

08

■	allow	허락하다, 허용하다
■	delegate	위임하다, 대표로 파견하다, 대표, 사절
■	prevent	막다, 예방하다
■	afflict	괴롭히다, 시달리게 하다

09

■ oppose   반대하다, 겨루다

■ refund   환불하다, 상환하다, 환불

■ supplement   보충하다, 추가하다, 보충[추가]물

■ linger   남다, 꾸물거리다

10

■ suppress   억누르다, 진압하다

■ curb   억제[제한]하다

■ observe   관찰하다, 지키다, 준수하다

■ diminish   줄어들다, 약해지다

11

■ disparage   폄하하다, 얕보다, 헐뜯다

■ appoint   임명하다, 지명하다

■ codify   성문화하다

■ depict   묘사하다, 그리다

12

■ support   지지하다, 옹호하다

■ hustle   재촉하다

■ plead   탄원하다, 애원하다, 변호하다

■ mediate   중재하다, 조정하다

13

■ mount   증가하다, 오르다

■ lessen   줄다, 줄이다

■ quarrel   싸우다, 언쟁하다, 말다툼, 언쟁

■ disappear   사라지다

14

■ equate   동일시하다

■ renounce   포기하다, 그만두다, 버리다

■ conciliate   달래다, 회유하다

■ migrate   이동하다, 이주하다

15

■ dump   버리다, 폐기장

■ overlap   겹치다, 포개다

■ isolate   분리하다, 고립시키다

■ threaten   위협하다, 협박하다

16

■ stabilize   안정[고정]시키다

■ burrow   굴을 파다, 파고들다

■ irritate   짜증나게 하다, 거슬리다

■ confer   상의하다, 수여하다

17

- reimburse   배상하다, 변제하다
- forbid   금지하다
- boast   뽐내다, 자랑하다
- invade   침입하다, 침해하다

18

- wreck   난파시키다, 조난시키다, 난파, 조난, 잔해
- discourage   낙담시키다, 좌절시키다
- discard   버리다, 폐기하다
- interpret   해석하다, 이해하다

19

- interact   상호 작용하다, 소통하다
- voyage   여행하다, 항해하다, 여행, 항해
- twist   구부리다, 비틀다, 돌리기, 전환
- trouble   괴롭히다, 애 먹이다, 골칫거리, 문제

20

- torture   고문하다, 고문
- initiate   개시하다, 시작하다
- stitch   꿰매다, 바늘 한 땀
- smash   박살내다, 부딪치다, 충돌 사고

08

어휘 실력 강화 연습문제 정답 및 해설

Answer

01 ④	02 ①	03 ④	04 ②	05 ②
06 ③	07 ④	08 ①	09 ③	10 ①
11 ③	12 ③	13 ②	14 ①	15 ③
16 ④	17 ④	18 ②	19 ①	20 ②

01 정답 ④

지문 해석

그녀는 아이들이 등굣길에 매서운 겨울 바람에 <u>노출되지</u> 않도록 옷을 두툼하게 입혔다.

선지 해석

① discontinue 중단하다
② promulgate 알리다, 발표[공표]하다
③ scour 샅샅이 뒤지다
④ expose 노출시키다, 드러내다, 폭로하다

정답 해설

등굣길에 옷을 두툼하게 입혔다는 문맥으로 보아 겨울 바람에 '노출되지' 않도록 했다는 내용이 자연스러우므로 빈칸에는 ④가 적절하다.

핵심 어휘

＊ expose 폭로하다 ＝ divulge, reveal, disclose, uncover, betray, let on

02 정답 ①

지문 해석

인터넷 뉴스 사이트는 더 많은 시청자를 끌기 위해 기사 헤드라인을 종종 <u>과장하거나</u> 선정적으로 표현한다.

선지 해석

① exaggerate 과장하다
② invigorate 기운나게 하다, 활기를 북돋우다
③ dispatch 보내다, 파견하다, 파견
④ rehearse 연습하다, 반복하다

정답 해설

시청자를 끌기 위해서 기사 제목을 선정적으로 표현했다는 문맥으로 보아 기사 제목을 '과장한다'는 내용이 자연스러우므로 빈칸에는 ①이 적절하다.

핵심 어휘

＊ exaggerate ＝ overstate, inflate

03 정답 ④

지문 해석

그 프로젝트의 수익은 다른 사람보다 더 많거나 적게 받는 사람이 없도록 팀원들에게 균등하게 <u>분배될</u> 것이다.

선지 해석

① delude 속이다, 착각하게 하다
② protrude 튀어나오다, 내밀다
③ abduct 유괴하다, 납치하다
④ distribute 분배하다, 나누어 주다

정답 해설

수익을 다른 사람보다 많지도 적지도 않게 한다는 문맥으로 보아 수익이 균등하게 '분배된다'는 내용이 자연스러우므로 빈칸에는 ④가 적절하다.

04 정답 ②

지문 해석

그 회사의 대규모 마케팅 캠페인은 판매를 <u>신장시키기</u> 위해 계획되었지만, <u>결과</u>는 수익이 감소했다.

선지 해석

① deem 여기다, 생각하다
② boost 신장시키다, 북돋우다
③ inquire 문의하다, 묻다
④ consent 동의하다, 허락하다

정답 해설

주어진 문장에 역접을 나타내는 접속부사 nevertheless가 있으므로 판매를 신장시키기 위해 계획되었다는 내용과 반대되는 내용인 캠페인의 '결과'는 수익이 감소했다고 하는 것이 자연스럽다. 따라서 빈칸에는 ②가 적절하다.

05 정답 ②

지문 해석

경찰은 목격자의 증언과 각종 CCTV 장면을 바탕으로 용의자가 현장에 있었다고 <u>결론을 내리고</u> 체포 영장을 신청했다.

선지 해석

① smuggle 밀수하다, 밀반입하다
② conclude 결론을 내리다, 끝내다
③ merchandise 판매하다, 상품, 물품
④ outsource 외부 제작하다, 외주를 주다

정답 해설

목격자의 증언과 CCTV 장면을 통해 체포 영장을 신청했다는 문맥으로 보아 용의자가 현장에 있었다는 '결론을 내렸다'는 내용이 자연스러우므로 빈칸에는 ②가 적절하다.

06 정답 ③

지문 해석

> 신입 사원은 입사 초기에 가장 기본적인 업무를 맡게 되며, 조직에 적응하면서 점진적으로 더 많은 책임을 지게 될 것이다.

선지 해석

① waste 낭비하다
② incise 새기다, 조각하다, 절개하다
③ assign 맡기다, 배정하다
④ diagnose 진단하다

정답 해설

신입 사원은 조직에 적응하면서 점진적으로 더 많은 책임을 지게 될 것이라는 문맥으로 보아 입사 초기에는 기본적인 업무를 '맡는다'는 내용이 자연스러우므로 빈칸에는 ③이 적절하다.

핵심 어휘

＊ waste = squander, fritter away

07 정답 ④

지문 해석

> 전반적인 급여 인상이 공무원의 사기에 긍정적인 영향을 미칠 것으로 예상했지만, 우리의 예상과 달리 큰 긍정적인 영향을 미치지는 못했다.

선지 해석

① inherit 상속받다, 물려받다
② reclaim 매립하다, 개간하다, 되찾다
③ irrigate 관개하다, 물을 대다
④ anticipate 기대하다, 예상하다

정답 해설

주어진 문장에 역접을 나타내는 접속사 but이 있으므로 긍정적인 영향을 미치지 못했다는 내용과 반대되는 내용인 애초의 계획은 긍정적인 영향을 미칠 거라고 '예상했다'라는 것이 자연스럽다. 따라서 빈칸에는 ④가 적절하다.

08 정답 ①

지문 해석

> 그들은 새로운 사무실 공간에 장기 임대 계약을 체결했지만, 회사는 불가피한 사정으로 한 달 만에 이전하기로 결정했다.

선지 해석

① lease 임대[임차]하다, 임대차 계약
② broaden 넓어지다, 넓히다, 퍼지다
③ penetrate 관통하다, 뚫고 들어가다, 침투하다
④ cease 중단하다, 그치다, 끝나다

정답 해설

주어진 문장에 역접을 나타내는 접속부사 however가 있으므로 불가피한 사정으로 빠르게 이전하기로 했다는 내용과 반대되는 내용인 처음에는 장기로 '임대 계약'을 했다는 내용이 자연스럽다. 따라서 빈칸에는 ①이 적절하다.

09 정답 ③

지문 해석

> 정상 회담에 참가한 국가들은 글로벌 문제를 해결하기 위해 합의된 목표와 행동을 요약한 공동 성명으로 마무리했다.

선지 해석

① innovation 혁신, 쇄신
② accounting 회계 (업무)
③ summit 정상 회담, 꼭대기, 절정, 정점
④ certification 증명, 자격

정답 해설

글로벌 문제를 해결한다는 문맥으로 보아 '정상 회담'에 참가한다는 내용이 자연스러우므로 빈칸에는 ③이 적절하다.

10 정답 ①

지문 해석

> 그녀는 완벽한 연극 공연을 위해 춤 동작과 대사의 순서를 철저하게 암기했다.

선지 해석

① sequence 순서, 연속
② catalyst 촉매, 기폭제
③ appraisal 평가, 판단
④ amphibian 양서류

정답 해설

완벽한 연극 공연이라는 문맥으로 보아 춤 동작과 대사의 '순서'를 철저하게 암기했다는 내용이 자연스러우므로 빈칸에는 ①이 적절하다.

11 정답 ③

지문 해석

> 지방 자치 단체는 지역을 활성화시키기 위한 지원금과 투자금을 받기 위해 기업들과 제휴하였다.

선지 해석

① parole 가석방하다, 가석방
② violate 위반하다, 침해하다
③ affiliate 제휴하다, 연계되다
④ petition 청원[탄원]하다, 청원(서), 탄원(서)

정답 해설

지역을 활성화시킨다는 문맥으로 보아 기업들과 '제휴하기로' 했다는 내용이 자연스러우므로 빈칸에는 ③이 적절하다.

12 정답 ③

지문 해석

그들은 문화 유산을 보존하고 홍보하기 위해 지역 축제를 계획했지만, 전통적인 관습에 관심이 적은 젊은 세대의 참여를 유도하는 데 어려움을 겪었다.

선지 해석

① bondage 구속, 결박
② security 안보, 보안
③ heritage 유산
④ clause 절, 조항, 조목

정답 해설

전통적인 것에 관심이 적은 젊은 세대의 참여를 유도한다는 문맥으로 보아 전통적인 문화 '유산'을 보존하고 홍보한다는 내용이 자연스러우므로 빈칸에는 ③이 적절하다.

13 정답 ②

지문 해석

뇌물을 받은 공무원에게 어떠한 변명도 듣지 않고 파면하는 것은 공정한 공직 사회를 만드는 데 필수적이다.

선지 해석

① propel 추진하다, 나아가게 하다
② deprive 빼앗다, 면직[파면]하다
③ disseminate 퍼뜨리다, 전파하다
④ entrust 맡기다, 위임하다

정답 해설

공정한 공직 사회를 만든다는 문맥으로 보아 뇌물을 받은 공무원은 '파면해야' 한다는 내용이 자연스러우므로 빈칸에는 ②가 적절하다.

핵심 어휘

∗ disseminate = disperse, diffuse, spread

14 정답 ①

지문 해석

물 공급에 유해한 박테리아가 존재함으로써 그것은 음용에 적합하지 않게 되어, 당국은 경고를 발령했다.

선지 해석

① presence 존재, 참석
② defendant 피고(인)
③ verdict 평결, 판결, 결정
④ absence 없음, 결핍, 결석, 부재

정답 해설

음용에 적합하지 않다는 문맥으로 보아 물 공급에 유해한 박테리아가 '존재'한다는 내용이 자연스러우므로 빈칸에는 ①이 적절하다.

15 정답 ③

지문 해석

안건이 국회에서 만장일치로 통과되었고, 이제 정부는 이를 신속하게 시행할 계획을 발표했다.

선지 해석

① mankind 인류, 인간, 사람들
② defector 탈주자, 망명자
③ parliament 의회, 국회
④ triumph 승리, 대성공

정답 해설

안건을 신속하게 시행할 계획이라는 문맥으로 보아 안건이 '국회'에서 만장일치로 통과되었다는 내용이 자연스러우므로 빈칸에는 ③이 적절하다.

16 정답 ④

지문 해석

소프트웨어 업데이트는 향상된 보안 기능을 약속했지만, 업데이트의 결함으로 인해 사용자들은 오히려 더 큰 위험에 노출되었다.

선지 해석

① alliance 동맹, 연합
② zenith 절정, 정점
③ patrol 순찰, 순시, 순찰[순시, 순회]하다
④ flaw 결함, 결점

정답 해설

주어진 문장에 역접을 나타내는 접속부사 nonetheless가 있으므로 향상된 보안 기능을 위해 업데이트하려고 했다라는 내용과 반대되는 내용인 업데이트에 '결함'이 있다는 것이 자연스럽다. 따라서 빈칸에는 ④가 적절하다.

17 정답 ④

지문 해석

하루에 세 번 복용해야 하는 약을 한 번에 모두 복용하는 것은 위험하므로, 4~6시간 간격으로 복용하는 것을 권장한다.

선지 해석

① income 소득, 수입
② treaty 조약
③ subsidy 보조금, 장려금
④ interval 간격, 사이

정답 해설

약을 한 번에 복용하는 것은 위험하다는 문맥으로 보아 시간의 '간격'을 두고 복용해야 한다는 내용이 자연스러우므로 빈칸에는 ④가 적절하다.

18 정답 ②

이 사건은 공무원이 대응 매뉴얼을 무시하고 자신의 판단에 따라 무모하게 진행한 빚어진 인재(사람의 잘못으로 일어난 재난)였다.

선지 해석

① pension 연금, 생활 보조금, 수당
② disaster 재난, 재앙, 참사
③ payment 지불, 지급, 납입
④ institution 기관, 단체, 제도

정답 해설

공무원이 대응 매뉴얼을 무시한다는 문맥으로 보아 그 사건은 '인재'라는 내용이 자연스러우므로 빈칸에는 ②가 적절하다.

19 정답 ①

지문 해석

지방 자치 단체는 아무런 계획 없이 도로 유지보수 공사를 진행했고, 그 결과 정부 보조금이 낭비되고 예산 계획에 큰 위기가 발생했다.

선지 해석

① crisis 위기, 고비
② coordination 조정, 일치, 합동, 조화, 조직(화)
③ embassy 대사관
④ yardstick 기준, 척도

정답 해설

계획 없이 공사를 진행했고 그 결과로 정부 보조금이 낭비되었다는 문맥으로 보아 예산 계획에 큰 '위기'가 발생했다는 내용이 자연스러우므로 빈칸에는 ①이 적절하다.

20 정답 ②

지문 해석

혁신적인 디자인은 창의성으로 칭찬받았지만, 실용성과 사용성에 대한 논란에 직면했다.

선지 해석

① livestock 가축
② controversy 논란, 논쟁
③ desert 사막
④ admission 입장, 가입, 인정, 시인

정답 해설

주어진 문장에 역접을 나타내는 접속부사 yet이 있으므로 창의적인 디자인으로 칭찬받았다는 내용과 반대되는 내용인 실용성과 사용성에 대해서는 '논란'이 있었다는 것이 자연스러우므로 빈칸에는 ②가 적절하다.

어휘 실력 강화 연습문제 09회 REVIEW TEST

01

discontinue	중단하다
promulgate	알리다, 발표[공표]하다
scour	샅샅이 뒤지다
expose	노출시키다, 드러내다, 폭로하다

02

exaggerate	과장하다
invigorate	기운나게 하다, 활기를 북돋우다
dispatch	보내다, 파견하다, 파견
rehearse	연습하다, 반복하다

03

delude	속이다, 착각하게 하다
protrude	튀어나오다, 내밀다
abduct	유괴하다, 납치하다
distribute	분배하다, 나누어 주다

04

deem	여기다, 생각하다
boost	신장시키다, 북돋우다
inquire	문의하다, 묻다
consent	동의하다, 허락하다

05

smuggle	밀수하다, 밀반입하다
conclude	결론을 내리다, 끝내다
merchandise	판매하다, 상품, 물품
outsource	외부 제작하다, 외주를 주다

06

waste	낭비하다
incise	새기다, 조각하다, 절개하다
assign	맡기다, 배정하다
diagnose	진단하다

07

inherit	상속받다, 물려받다
reclaim	매립하다, 개간하다, 되찾다
irrigate	관개하다, 물을 대다
anticipate	기대하다, 예상하다

08

lease	임대[임차]하다, 임대차 계약
broaden	넓어지다, 넓히다, 퍼지다
penetrate	관통하다, 뚫고 들어가다, 침투하다
cease	중단하다, 그치다, 끝나다

09

- innovation — 혁신, 쇄신
- accounting — 회계(업무)
- summit — 정상 회담, 꼭대기, 절정, 정점
- certification — 증명, 자격

10

- sequence — 순서, 연속
- catalyst — 촉매, 기폭제
- appraisal — 평가, 판단
- amphibian — 양서류

11

- parole — 가석방하다, 가석방
- violate — 위반하다, 침해하다
- affiliate — 제휴하다, 연계되다
- petition — 청원[탄원]하다, 청원(서), 탄원(서)

12

- bondage — 구속, 결박
- security — 안보, 보안
- heritage — 유산
- clause — 절, 조항, 조목

13

- propel — 추진하다, 나아가게 하다
- deprive — 빼앗다, 면직[파면]하다
- disseminate — 퍼뜨리다, 전파하다
- entrust — 맡기다, 위임하다

14

- presence — 존재, 참석
- defendant — 피고(인)
- verdict — 평결, 판결, 결정
- absence — 없음, 결핍, 결석, 부재

15

- mankind — 인류, 인간, 사람들
- defector — 탈주자, 망명자
- parliament — 의회, 국회
- triumph — 승리, 대성공

16

- alliance — 동맹, 연합
- zenith — 절정, 정점
- patrol — 순찰, 순시, 순찰[순시, 순회]하다
- flaw — 결함, 결점

09

17

■ income	소득, 수입	
■ treaty	조약	
■ subsidy	보조금, 장려금	
■ interval	간격, 사이	

18

■ pension	연금, 생활 보조금, 수당
■ disaster	재난, 재앙, 참사
■ payment	지불, 지급, 납입
■ institution	기관, 단체, 제도

19

■ crisis	위기, 고비
■ coordination	조정, 일치, 합동, 조화, 조직(화)
■ embassy	대사관
■ yardstick	기준, 척도

20

■ livestock	가축
■ controversy	논란, 논쟁
■ desert	사막
■ admission	입장, 가입, 인정, 시인

어휘 실력 강화 연습문제 정답 및 해설

01 정답 ④

지문 해석

> 많은 젊은이들이 직업을 구하기 어려우며 여전히 많은 이들이 실업자인 상태에 있다.

선지 해석

① compatible 호환이 되는, 양립할 수 있는
② ancient 고대의
③ dominant 지배적인, 우세한
④ unemployed 실업자인, 실직한

정답 해설

직업을 구하기 어려웠다는 문맥으로 보아 많은 젊은이들이 '실업자인' 상태라는 내용이 자연스러우므로 빈칸에는 ④가 적절하다.

02 정답 ②

지문 해석

> 주행 중에 멈춰버린 자동차를 다시 안전하게 운전할 수 있도록 전면적인 점검이 필요하다.

선지 해석

① boundary 경계
② overhaul 점검, 정비, 점검하다, 정비하다
③ ideology 이념, 이데올로기
④ charity 자선단체, 자애, 자비

정답 해설

주행 중에 자동차가 멈춰버렸다는 문맥으로 보아 다시 안전하게 운전하려면 '점검'이 필요하다는 내용이 자연스러우므로 빈칸에는 ②가 적절하다.

03 정답 ④

지문 해석

> 방대한 양의 데이터를 수작업으로 분류하는 과정은 매우 힘들고 시간이 많이 걸렸다.

선지 해석

① straightforward 간단한, 쉬운, 솔직한
② federal 연방제의
③ elegant 우아한, 품격 있는
④ laborious 힘든, 곤란한

정답 해설

방대한 양을 수작업으로 분류하는 작업이 많은 시간이 걸렸다는 문맥으로 보아 그 과정이 매우 '힘들었다'는 내용이 자연스러우므로 빈칸에는 ④가 적절하다.

04 정답 ①

지문 해석

> 많은 사람들이 성공이 오로지 재능에서 비롯된다고 생각하지만, 이는 노력의 중요성을 간과하는 틀린 생각이다.

선지 해석

① fallacy 틀린 생각, 오류
② conscience 양심, 의식
③ industry 산업
④ sight 시력, 시야

정답 해설

주어진 문장에 역접을 나타내는 접속부사 while이 있으므로 많은 사람들이 성공은 재능에서 비롯된다고 생각한다는 내용과 반대되는 내용인 성공에서 노력의 중요성을 무시하는 것은 '틀린 생각'이라는 것이 자연스럽다. 따라서 빈칸에는 ①이 적절하다.

05 정답 ①

지문 해석

> 변동성이 큰 시장에서 은행의 지불 능력을 평가하기 위해 감사가 실시되었다.

선지 해석

① solvency 지불[상환] 능력
② conversation 대화, 회화
③ instinct 본능, 직감
④ spectacle 장관, 구경거리

정답 해설

은행이 감사를 받았다는 문맥으로 보아 은행의 '지불 능력'을 평가한다는 내용이 자연스러우므로 빈칸에는 ①이 적절하다.

06 정답 ②

지문 해석

> 그 회사는 지역 통신 시장에서 독점을 하고 있어 고객들에게 선택의 여지가 거의 없다.

선지 해석

① landscape 풍경
② monopoly 독점, 전매
③ council 의회, 협의회
④ suburb 교외

정답 해설

고객들이 선택할 여지가 없다는 문맥으로 보아 그 회사는 '독점'을 하고 있다는 내용이 자연스러우므로 빈칸에는 ②가 적절하다.

07 정답 ①

지문 해석

연구에 따르면 균형 잡힌 식단이 수명을 크게 늘리고 만성 질환의 위험을 줄이는 데 기여한다.

선지 해석

① longevity 장수, 수명
② convention 관습, 관례, 대회
③ surgery 수술
④ luxury 사치, 호화로움

정답 해설

균형 잡힌 식단이 만성 질환의 위험을 줄였다는 문맥으로 보아 '수명'도 크게 늘린다는 내용이 자연스러우므로 빈칸에는 ①이 적절하다.

08 정답 ③

지문 해석

일부 작가는 초기 초안만으로도 충분하다고 생각하지만, 신중한 수정을 통해 보통 숨겨진 결함을 알아낸다.

선지 해석

① tenant 세입자, 임차인
② merchant 상인
③ revision 수정[정정] 사항, 검토, 변경
④ creature 생물

정답 해설

숨겨진 결함을 알아낸다는 문맥으로 보아 신중한 '수정'을 한다는 내용이 자연스러우므로 빈칸에는 ③이 적절하다.

09 정답 ④

지문 해석

더운 날씨는 종종 무기력의 느낌을 가져와 하루 종일 활동적이고 의욕을 유지하기 어렵게 만든다.

선지 해석

① pleasure 기쁨, 즐거움
② custody 보관, 보호, 구금, 감금
③ merit 훌륭함, 장점
④ lethargy 무기력

정답 해설

더운 날씨 때문에 의욕을 유지하기 어렵다는 문맥으로 보아 '무기력'한 느낌을 받았다는 내용이 자연스러우므로 빈칸에는 ④가 적절하다.

10 정답 ①

지문 해석

폭풍이 지나간 후, 거리는 잔해로 가득 차 주민들이 동네를 돌아다니기 어렵게 만들었다.

선지 해석

① debris 잔해, 쓰레기
② destiny 운명
③ monument 기념물
④ vacuum 진공

정답 해설

폭풍이 지나간 후에 그 동네 거리를 돌아다니기 어려웠다는 문맥으로 보아 거리에는 '잔해'나 쓰레기로 가득 차 있다는 내용이 자연스러우므로 빈칸에는 ①이 적절하다.

11 정답 ②

지문 해석

그 과학자는 자신의 연구 결과에 외부의 영향을 받지 않기 위해 고립된 상태에서 자신의 연구를 수행했다.

선지 해석

① destruction 파괴
② isolation 고립, 분리, 격리
③ generation 세대, 대
④ temptation 유혹, 유혹하는 것

정답 해설

외부의 영향을 받지 않는다는 문맥으로 보아 그 과학자는 '고립된' 상태에서 연구를 진행했다는 내용이 자연스러우므로 빈칸에는 ②가 적절하다.

12 정답 ③

지문 해석

미국에서는 매년 추수감사절에 잔치를 열며, 칠면조를 비롯한 여러 음식을 만들어 먹고 이야기를 나누곤 한다.

선지 해석

① outline 개요, 윤곽
② disease 질병
③ feast 연회, 잔치, 축제일, 포식하다
④ vehicle 탈것, 차량

정답 해설

추수감사절에 여러 음식을 만들어 먹고 사람들과 이야기를 나눈다는 문맥으로 보아 '잔치'를 연다는 내용이 자연스러우므로 빈칸에는 ③이 적절하다.

13 정답 ②

지문 해석

그들은 현재 <u>거주지</u>를 팔고 도심의 더 작은 아파트로 이사하기로 결정했다.

선지 해석

① edge 가장자리, 모서리, 우세, 강점
② residence 주택, 거주지
③ discourse 담론, 담화
④ particle 입자, 조각

정답 해설

아파트로 이사하기로 결정했다는 문맥으로 보아 그들은 현재 살고 있는 '거주지'를 팔았다는 내용이 자연스러우므로 빈칸에는 ②가 적절하다.

14 정답 ③

지문 해석

인간은 살아 있는 새끼를 낳고 모유로 기르기 때문에 <u>포유동물</u>로 분류된다.

선지 해석

① victim 피해자, 희생자
② expense (어떤 일에 드는) 돈, 비용
③ mammal 포유동물
④ portrait 초상화

정답 해설

새끼를 낳고 모유로 기른다는 문맥으로 보아 인간을 '포유동물'로 분류한다는 내용이 자연스러우므로 빈칸에는 ③이 적절하다.

15 정답 ①

지문 해석

그의 어린 나이에도 불구하고, 그 연주자는 성인들보다 피아노에서 더 뛰어난 <u>기량</u>을 보여주며 관객 모두를 놀라게 했다.

선지 해석

① prowess 기량, 솜씨
② environment 환경
③ prejudice 편견, 편견을 갖게 하다
④ wage 임금, 급료

정답 해설

주어진 문장에 역접을 나타내는 전치사 despite가 있으므로 어린 나이라는 내용과 반대되는 내용인 성인들보다 더 뛰어난 '기량'으로 관객들을 놀라게 했다는 것이 자연스럽다. 따라서 빈칸에는 ①이 적절하다.

16 정답 ②

지문 해석

사춘기는 성장의 자연스러운 과정이지만, 많은 청소년들에게 <u>혼란스러운</u> 시기가 될 수 있다.

선지 해석

① fascinating 매혹직인, 대단히 흥미로운
② confusing 혼란스러운
③ outstanding 뛰어난, 눈에 띄는
④ following 그 다음의

정답 해설

주어진 문장에 역접을 나타내는 접속사 though가 있으므로 사춘기는 성장의 자연스러운 과정이라는 내용과 반대되는 내용인 많은 청소년들에게 '혼란스러운' 시기가 될 수 있다는 것이 자연스럽다. 따라서 빈칸에는 ②가 적절하다.

17 정답 ③

지문 해석

그는 불법 자금을 사용해 선거 결과에 영향을 미치려 하다가 <u>뇌물 수수</u> 혐의로 기소되었다.

선지 해석

① privacy 사생활
② fellow 동료, 녀석
③ bribery 뇌물 수수
④ receipt 영수증, 증서

정답 해설

불법 자금을 사용해 선거 결과에 영향을 미쳤다는 문맥으로 보아 그는 '뇌물 수수' 혐의로 기소되었다는 내용이 자연스러우므로 빈칸에는 ③이 적절하다.

18 정답 ④

지문 해석

많은 국가에서 <u>부패</u>는 사회 정의와 평등을 달성하는 데 주요한 장애물로 여겨진다.

선지 해석

① concord 화합, 일치
② proof 증거, 증명
③ fortune 행운, 재산
④ corruption 부패, 타락, 오염

정답 해설

사회 정의와 평등을 달성하는 데 주요 장애물로 여겨진다는 문맥으로 보아 '부패'가 일어났다는 내용이 자연스러우므로 빈칸에는 ④가 적절하다.

10

19 정답 ②

지문 해석

재선에 성공한 후, <u>시장</u>은 이전 임기 동안 시작했던 저렴한 주택 프로젝트를 계속 진행하겠다고 약속했다.

선지 해석

① republic 공화국
② mayor 시장, 단체장
③ grief 큰 슬픔, 비통
④ sphere 구, 구체

정답 해설

임기 동안 시작했던 프로젝트를 계속 진행하겠다고 약속했다는 문맥으로 보아 '시장'이 재선에 성공했다는 내용이 자연스러우므로 빈칸에는 ②가 적절하다.

20 정답 ④

지문 해석

많은 사람들이 가장 심각한 범죄에 대한 처벌로 사형 집행을 옹호하지만, 어떤 사람들은 그것이 비윤리적이라고 지적한다.

선지 해석

① duplicate 복사하다, 복제하다
② pacify 달래다, 진정시키다
③ overlap 겹치다, 포개다
④ advocate 옹호하다, 지지하다

정답 해설

주어진 문장에 역접을 나타내는 접속부사 while이 있으므로 사형 집행이 비윤리적이라고 지적한다는 내용과 반대되는 내용인 사형 집행을 '옹호하는' 사람도 있다는 것이 자연스럽다. 따라서 빈칸에는 ④가 적절하다.

어휘 실력 강화 연습문제 10회 REVIEW TEST

01

- compatible — 호환이 되는, 양립할 수 있는
- ancient — 고대의
- dominant — 지배적인, 우세한
- unemployed — 실업자인, 실직한

02

- boundary — 경계
- overhaul — 점검, 정비, 점검하다, 정비하다
- ideology — 이념, 이데올로기
- charity — 자선단체, 자애, 자비

03

- straightforward — 간단한, 쉬운, 솔직한
- federal — 연방제의
- elegant — 우아한, 품격 있는
- laborious — 힘든, 곤란한

04

- fallacy — 틀린 생각, 오류
- conscience — 양심, 의식
- industry — 산업
- sight — 시력, 시야

05

- solvency — 지불[상환] 능력
- conversation — 대화, 회화
- instinct — 본능, 직감
- spectacle — 장관, 구경거리

06

- landscape — 풍경
- monopoly — 독점, 전매
- council — 의회, 협의회
- suburb — 교외

07

- longevity — 장수, 수명
- convention — 관습, 관례, 대회
- surgery — 수술
- luxury — 사치, 호화로움

08

- tenant — 세입자, 임차인
- merchant — 상인
- revision — 수정[정정] 사항, 검토, 변경
- creature — 생물

09

■ pleasure　　기쁨, 즐거움

■ custody　　보관, 보호, 구금, 감금

■ merit　　훌륭함, 장점

■ lethargy　　무기력

10

■ debris　　잔해, 쓰레기

■ destiny　　운명

■ monument　　기념물

■ vacuum　　진공

11

■ destruction　　파괴

■ isolation　　고립, 분리, 격리

■ generation　　세대, 대

■ temptation　　유혹, 유혹하는 것

12

■ outline　　개요, 윤곽

■ disease　　질병

■ feast　　연회, 잔치, 축제일, 포식하다

■ vehicle　　탈것, 차량

13

■ edge　　가장자리, 모서리, 우세, 강점

■ residence　　주택, 거주지

■ discourse　　담론, 담화

■ particle　　입자, 조각

14

■ victim　　피해자, 희생자

■ expense　　(어떤 일에 드는) 돈, 비용

■ mammal　　포유동물

■ portrait　　초상화

15

■ prowess　　기량, 솜씨

■ environment　　환경

■ prejudice　　편견, 편견을 갖게 하다

■ wage　　임금, 급료

16

■ fascinating　　매혹직인, 대단히 흥미로운

■ confusing　　혼란스러운

■ outstanding　　뛰어난, 눈에 띄는

■ following　　그 다음의

17

- privacy   사생활
- fellow   동료, 녀석
- bribery   뇌물 수수
- receipt   영수증, 증서

18

- concord   화합, 일치
- proof   증거, 증명
- fortune   행운, 재산
- corruption   부패, 타락, 오염

19

- republic   공화국
- mayor   시장, 단체장
- grief   큰 슬픔, 비통
- sphere   구, 구체

20

- duplicate   복사하다, 복제하다
- pacify   달래다, 진정시키다
- overlap   겹치다, 포개다
- advocate   옹호하다, 지지하다

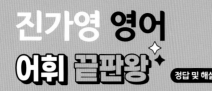

박문각 공무원
진가영 영어 온라인강의
www.pmg.co.kr

박문각 공무원
진가영 영어 연구소
cafe.naver.com/easyenglish7

박문각 북스파
수험교재 및 교양서 전
온라인 서점

충남 교행 수석 영어 100점 - 김**

가영쌤의 커리는 기본적으로 반복을 거듭해서 확실하게 기억하고 또 여러 방향으로 적용하면서 어떤 식으로 문제가 변형되어 나와도
확실하게 캐치할 수 있게 만드는 방향으로 진행됩니다. 특히 여러 번 강조해서 배우는, 자주 출제되는 중요한 내용들은 계속 따로 자료를 만들고, 또 특강으로도
계속 또 반복해서 빠짐없이 떠 먹여 주기까지 합니다. 따라가려고 노력만 하면 보상을 받을 수 있는 그런 시간을 보낼 수 있는 강의라고 생각합니다.
가영쌤은 또, 더 재밌는 강의를 위해 매번 좀 웃긴 거를 많이 준비해 오시는 것 같은 모습이 보이는데 많은 정성과 노력을 기울이고 계시다는 걸
느낄 수 있는 시간들이었습니다.

우정직 수석 합격 영어 85점 - 박*태

영어 선생님을 고를 때 가영쌤을 추천하는 이유는 먼저 탄탄한 커리큘럼과 숙제 관리, 그리고 문법 교재가 너무너무 좋습니다! 콤팩트한 책에 있을 내용 다 있고,
문판왕이나 동형모의고사 등 문물 수업과의 연계도 잘 되어 있습니다. 그리고 매주 실강 수업 때 나오는 ox 숙제를 계속 반복해야 문법 출제 포인트가 무엇인지
익숙해집니다. 또한, 가영쌤의 어휘책 구성도 좋았고, 매 수업 전에 테스트를 하기 때문에 미리 공부해가야 하는 게 실력 향상에 도움이 되었습니다.
덕분에 이번 문제 풀이 소요시간, 24분, 동형 때는 달성해보지 못했던 최고기록입니다. 가영쌤 I cannot thank you enough!!

2024 일반행정직 영어 100점 - **선

영어 100점은 진짜 운이라고 생각했는데 선생님 만나고 나서 이게 진짜 실력으로 된다는 걸 알았어요.
단어 미친 반복으로 겨우 다 외우고 문법도 단판승 3시간 너무 좋았고 독해는 그 200제가 정말 좋았어요.
제가 국가직 영어 35분 걸려서 정말 선생님도 찾아뵈고 걱정 많이 했는데 이번 지방직은 20분 컷해서 정말 좋았어요. 언제나 감사합니다!!

2024 일반행정직 영어 95점 - **경

공시 시작하고 가영쌤을 만나서 영어 공부도 즐겁게 할 수 있었고 95점이라는 고득점도 해볼 수 있었고 항상 최선을 다하시는 모습을 보면서
많이 본받아야겠다 생각했습니다. 나태해질 때마다 쌤을 보면서 힘을 얻었고 앞으로도 제가 많이 존경하고 진심으로 응원할 영원한 제 1타 강사 가영쌤♥
건강 잘 챙기시고 곧 태어날 아이와 가족들 또 주변 사람들과 행복한 순간만 앞으로 더 가득하시면 좋겠어요♥
서울 가게 되면 인사드리러 꼭 갈게요!! 쌤이랑 함께한 시간을 항상 소중했어요♥ I cannot thank you enough♥

2024년 사회복지직 영어 95점 - **화

I cannot thank you enough♥ 시험을 준비하면서 나름의 소소한 목표 중 하나가 영어 시험을 잘 봐서 가영쌤한테 제가 먼저 올해 영어 잘 봤다고
연락드리는 거였는데, 드디어 그 목표를 이룰 수 있게 되어서 너무 기뻐요! 처음 박문각 와서 하프 들었을 때 3,4개 맞기도 하고 그랬던 적이 있었는데~
쌤과 열심히 함께 달렸더니 95점이라는 이런 좋은 점수를 받았습니다. 영어는 제 발목을 잡는 과목 중 하나여서 처음부터 끝까지 긴장을 놓지 않고
제일 큰 비중을 두고 공부한 과목이었습니다. 이번 지방직에서 단어, 문법, 생활영어까지 쌤과 함께 공부했던 범위 내에서 계속 반복하며 공부했던 부분들이라
신속하고 정확하게 풀 수 있어시간 절약을 했던 것 같아요! 다 가영쌤과 함께한 덕분이에요!

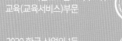

2년 연속 수석 합격자 배출 2023~2024년 박문각 공무원 온/오프 수강생 기준

정가 14,000원

1374
9 791172 623180
ISBN 979-11-7262-318-0

 www.pmg.co.kr   **교재문의** 02-6466-7202   **동영상강의 문의** 02-6466-7201

2025년
<u>신경향(New Trend)</u> ✦
보완 커리큘럼
합격을 위한
선택 과정

기초 이론 — 공무원 영어 시작, 입문

구문 독해 — 진(Real) 독해 기초 체력 다지기 / 신경향 독해 기본 실력 다지기

문풀 N제 — 신경향 마스터 시리즈 (독해, 문법, 어휘)

적중 특강 — 진(眞) 족보 마무리 특강 시리즈 (독해, 문법, 어휘, 생활영어)

★★★★★ **2024년 사회복지직 영어 95점** **화

I can not thank you enough♡♡♡

시험을 준비하면서 나름의 소소한 목표 중 하나가 영어 시험을 잘 봐서 가영쌤한테 제가 먼저 올해 영어 잘 봤다고 연락드리는 거였는데, 드디어 그 목표를 이룰 수 있게 되어서 너무 기뻐요! 처음 박문각 와서 하프 들었을 때 3,4개 맞기도 하고 그랬던 적이 있었는데~ 쌤과 열심히 함께 달렸더니 95점이라는 이런 좋은 점수를 받았습니다. 영어는 제 발목을 잡는 과목 중 하나여서 처음부터 끝까지 긴장을 놓지 않고 제일 큰 비중을 두고 공부한 과목이었습니다. 이번 지방직에서 단어, 문법, 생활영어까지 쌤과 함께 공부했던 범위 내에서 계속 반복하며 공부했던 부분들이라 신속하고 정확하게 풀 수 있어 시간 절약을 했던 것 같아요! 다 가영쌤과 함께한 덕분이에요!

★★★★★ **2024 일방행정직 영어 95점** **경

공시 시작하고 가영쌤을 만나서 영어 공부도 즐겁게 할 수 있었고 95점이라는 고득점도 해볼 수 있었고 항상 최선을 다하시는 모습을 보면서 많이 본받아야겠다 생각했습니다. 나태해질 때마다 쌤을 보면서 힘을 얻었고 앞으로도 제가 많이 존경하고 진심으로 응원할 영원한 제 1타 강사 가영쌤♡ 건강 잘 챙기시고 곧 태어날 아이와 가족들 또 주변 사람들과 행복한 순간만 앞으로 더 가득하시면 좋겠어요♡ 서울 가게 되면 인사드리러 꼭 갈게요!! 쌤이랑 함께한 시간들 항상 소중했어요♡

I cannot thank you enough♡♡

★★★★★ **2024년 일반농업직 영어 100점** **주

3번 도전 끝에 마지막이라고 생각한 시험에서 다행히도 최종합격이라는 좋은 결과를 얻을 수 있었습니다. 제가 이번 국가직에서 최종합격 할 수 있었던 이유는 **진가영 선생님 덕분입니다!** 이번 국가직 영어가 어렵게 출제가 되었지만 **가영쌤을 믿고 따른 결과 100점이라는 성적을 거둘 수 있었습니다.** 혹시라도 영어 강의 선택을 앞두고 계신 분들이 있다면 무.조.건. 진.가.영. 영.어.를 선택하시길 바랍니다! 내년에 바뀌는 시험에서도 안전하게 여러분들을 합격까지 인도해주실 것입니다.

★★★★★ **2024 일방행정직 영어 100점** **선

영어 100점은 진짜 운이라고 생각했는데 선생님 만나고 나서 이게 진짜 실력으로 된다는 걸 알았어요. 단어 미친 반복으로 겨우 다 외우고 문법도 단판승 3시간 너무 좋았고 독해는 그 200제가 정말 좋았어요. 제가 국가직 영어 35분 걸려서 정말 선생님도 찾아뵙고 걱정 많이 했는데 이번 지방직은 20분 컷해서 정말 좋았어요. 언제나 감사합니다!!